“铸牢中华民族共同体意识”系列

厚植中华文化认同的传统底蕴

石志刚 著

中国出版集团
中国民主法制出版社
全国百佳图书出版单位

图书在版编目（CIP）数据

厚植中华文化认同的传统底蕴 / 石志刚著 . — 北京：中国民主法制出版社，2025. 7. — ISBN 978-7-5162-4011-3

I. K280

中国国家版本馆 CIP 数据核字第 2025HV8802 号

图书出品人： 刘海涛
责 任 编 辑： 刘险涛
文 字 编 辑： 高文鹏

书　　名 / 厚植中华文化认同的传统底蕴
作　　者 / 石志刚　著

出版·发行 / 中国民主法制出版社
地址 / 北京市丰台区右安门外玉林里 7 号（100069）
电话 /（010）63055259（总编室）　63058068　63057714（营销中心）
传真 /（010）63055259
http: //www.npcpub.com
E-mail: mzfz@npcpub.com
经销 / 新华书店
开本 / 16 开　710 毫米 × 1000 毫米
印张 / 11.5　**字数** / 149 千字
版本 / 2025 年 8 月第 1 版　　2025 年 8 月第 1 次印刷
印刷 / 三河市宏图印务有限公司

书号 / ISBN 978-7-5162-4011-3
定价 / 48.00 元

前言

中华优秀传统文化博大精深、源远流长，是中华民族的根与魂，是文化自信的重要来源之一。深入学习中华优秀传统文化的丰富内容，尤其是中华优秀传统文化中蕴藏的基本精神、重要理念；深入学习中国悠久灿烂的历史内容，尤其是富有现代启示价值的历史内容，才能更加有效地推动中华优秀传统文化的创造性转化、创新性发展，更有力地推进中国特色社会主义文化建设，建设文化强国和中华民族现代文明。

本书立足于中华优秀传统文化的挖掘、阐释、弘扬，全面梳理中华民族在长期发展过程中所运用的文化理念，深入阐释中华文明五大突出特性及地方的优秀传统文化继承、弘扬的实践，旨在厚植中华文化认同的传统底蕴和历史基础，更加有力地促进各民族之间友好交往交流交融，增强对中华优秀传统文化的情感认同和思想认同，为构筑各民族共有精神家园作出新贡献。

目录

一

传承中华优秀传统文化 切实增强中华文化认同

铸牢中华民族共同体意识的文化底蕴

中华优秀传统文化是中华民族的根与魂。对中华优秀传统文化中所蕴藏的基本理念与精神进行深入分析、阐释和研究，对于夯实铸牢中华民族共同体意识的文化基础，提升铸牢中华民族共同体意识的文化底蕴，构筑中华民族共有精神家园，具有重要的意义。本节以中华优秀传统文化中被提炼出的基本理念和精神，以民胞物与、六合同风、为政以德、任人唯贤和亲仁善邻等为主要阐释对象，以翔实的史料和厚重的文化内容为支撑，试图呈现出这些理念和精神背后所彰显的中华民族的品格与魅力。

1. 民胞物与

北宋思想家张载在《正蒙·乾称篇》中鲜明提出重视百姓且要做到平等待之的观点："民吾同胞，物吾与也。"[①]"民胞物与"是对张载这一观点的凝练表达，是在继承古代丰厚民本思想基础上，就如何处理个体、社会与国家之间的关系所进行的深刻揭示。"通过'民胞物与'的论证，张载进一步提出了一种宇宙大家庭的理想。在这个大家庭中，人们骨肉相连、休戚与共，国君可以说是这个大家庭中的长子，而圣人所以能为圣人是因为他与天地合德。"[②]张载的

---

① （宋）张载：《张载集》，中华书局 1978 年版，第 62 页。

② 复旦大学哲学系中国哲学教研室：《中国古代哲学史》（全二册）下册，上海古籍出版社 2011 年版，第 508 页。

这一观点，丰富了古代社会中的民本思想内容。

《尚书·五子之歌》中强调："皇祖有训，民可近，不可下，民惟邦本，本固邦宁。"[①] 统治者逐渐认识到民众的力量和作用，故在制定政策方面，尽最大可能为百姓去考虑，以便更好地维护其统治。春秋时期，郑国贤相子产能够认识到百姓的重要性，并且不遗余力地通过制定政策来实现惠民的目标。"（子产）为相一年，竖子不戏狎，斑白不提挈，僮子不犁畔。二年，市不豫贾。三年，门不夜关，道不拾遗。四年，田器不归。五年，士无尺籍，丧期不令而治。"[②]

子产为百姓进行改革，即使遇到诽谤，也毫不畏惧。正如子产所言："苟利社稷，死生以之。"[③] 为百姓谋福祉之人，必将受到百姓的最终认可和怀念。子产去世时，民间舆论对其评价甚高："子产去我死乎！民将安归？"[④]

三国时期，魏蜀吴能够出现并存对峙局面，在于各自都十分重视百姓，且得到各自区域内百姓的支持。魏国的曹丕经常关心百姓疾苦，曾派使者巡视许昌等地，"问民所疾苦，贫者振贷之"[⑤]。曹魏政策的连贯性及重视发展农业之举，彰显出其雄厚的综合实力。蜀国的诸葛亮重视农业，为此实施轻徭薄赋、与民休养生息的政策，促进了蜀地农业生产的恢复和发展。"在诸葛亮治理下，蜀国政治稳定，人民受的压迫剥削较轻，生活比较安定，生产积极性有所提高，再加上发展农业生产及其他一系列经济措施，为社会生产力的发展和社会

---

① 江灏、钱宗武译注：《今古文尚书全译》，贵州人民出版社 1992 年版，第 97 页。

② 安平秋：《二十四史全译：史记》（全二册）第二册，汉语大词典出版社 2004 年版，第 1434 页。

③ 王守谦、金秀珍、王凤春译注：《左传全译》，贵州人民出版社 1990 年版，第 1142 页。

④ 安平秋：《二十四史全译：史记》（全二册）第二册，汉语大词典出版社 2004 年版，第 1434 页。

⑤ 许嘉璐：《二十四史全译：三国志》（全二册）第一册，汉语大词典出版社 2004 年版，第 36 页。

经济的繁荣开辟了道路。”[①] 东吴的孙权，在政权稳定后，开始重视民生问题，采取了宽赋减役的政策，并于234年颁布诏令：“兵久不辍，民困于役，岁或不登。其宽诸逋，勿复督课。”[②] 孙权不断反思自己的政策，重视田地开垦和农业技术应用，促进了东吴的农业发展。

贞观二年（628年），唐太宗对身边人讲道：“凡事皆须务本，国以人为本，人以衣食为本，凡营衣食，以不失时为本。”[③] 唐太宗深刻阐释了国家的根本在于农业，故要不违农时，方能在农业生产方面有突破。贞观十六年（642年），唐太宗对侍臣讲道：“国以民为本，人以食为命，若禾黍不登，则兆庶非国家所有。”[④] 他能够站在百姓的角度，理解百姓艰辛，故能做出轻徭役之举，彰显出他作为一名有为统治者的民本情怀。

宋朝建立初期，各地自然灾害不断发生，严重影响百姓的生产生活。宋太祖授权地方官要第一时间免除灾民的赋税，及时开仓赈济，帮助受灾百姓渡过难关。由于政策适当，加之粮食丰收，灾区农业生产很快走上正轨。966年，宋太祖颁布《劝栽植开垦诏》，对于几年来民众艰辛之状逐渐得到改善给予了高度评价。同时，宋太祖积极发展造船业、纺织业、盐业、矿业及军工产业等，促进了工商业的发展与繁荣，进一步丰盈了国库，满足了百姓需求，提高了百姓生活水平。

明朝建立之初，布衣出身的朱元璋，经历战乱之后，对生民之遭遇，尤其感同身受，故能影响其施政方针。朱元璋对自己身上存在的问题进行了深入的检视和剖析：“朕起布衣，削群雄，定祸乱，改元洪武，今纪七年。但才疏德

① 朱大渭：《群雄纷争　频繁更迭：朱大渭说魏晋南北朝》，生活·读书·新知三联书店2018年版，第141页。

② 张作耀：《孙权传》，人民出版社2017年版，第361页。

③ 骈宇骞译注：《贞观政要》，中华书局2011年版，第520页。

④ 骈宇骞译注：《贞观政要》，中华书局2011年版，第523页。

薄，旦夕虑上帝有责，思之再三，惟兵后苦殃者，朕先抚养存恤。盖军士为朕开拓疆宇，奋不顾身，殁于战场，尸不至家，魂无所依。父母年高，妻寡子幼，一旦抛弃，至今不能存活，此朕之过也。民间经兵避免，父南子北，至今不能会聚奉养者有之，或子殁亲老而无养，亲殁子幼而无依者有之，亦朕之过也。兴言至此，实可悯伤。”[①] 在此基础上，朱元璋提出了为民之举：“今诏天下有司，各各具名以言，朕当会居存养，使不失所。所有存恤事宜，条列于后。”[②] 其存恤百姓之心深矣。

清初以来，战火不断，经济萧条，民生凋敝，摆在统治者面前最重要的事情就是休养生息、发展经济。当时，康熙帝制定措施，鼓励农民开垦荒地，禁止圈地、掠人为奴，轻徭薄赋，推动了社会生产力发展。对于轻徭薄赋，康熙有自己的理解：“盖治安天下，惟期民生得所。而欲民生得所，必以敷恩宽赋为急也。”[③] 每有灾异，康熙总能反求诸己，以期做到警醒各地官员。康熙十八年（1679 年）七月，当康熙得知有灾事发生，发上谕讲道：“朕薄德寡识，愆尤实多，遘此地震大变，中夜抚膺自思，如临水渊，兢惕悚惶，益加修省。”[④] 在此基础上，康熙耐心地告诫诸大臣、各地官员：“务期洗心涤虑，实意为国为民，斯于国家有所裨益，即尔等亦并受其福，庶几天和稍致。”[⑤] 因康熙重视百姓，有存恤之心，故能逐渐形成安定局面。

---

① （明）朱元璋：《明太祖集》，黄山书社 2014 年版，第 28 页。

② （明）朱元璋：《明太祖集》，黄山书社 2014 年版，第 28 页。

③ 蒋兆成、王日根：《康熙传》，人民出版社 2010 年版，第 295 页。

④ 徐尚定标点：《康熙起居注：标点全本》（全八册）第一册，东方出版社 2014 年版，第 375 页。

⑤ 徐尚定标点：《康熙起居注：标点全本》（全八册）第一册，东方出版社 2014 年版，第 375 页。

2. 六合同风

《汉书·王吉传》中引用王吉上疏的一段话，提到了“六合同风”这个词：“《春秋》所以大一统者，六合同风，九州共贯也。”[①] 意即《春秋》所推崇的“大一统”政治，具体而言，是指全国各地风俗教化相同、九州方圆政令能够贯通。王吉的这段话，将其置于中国历史发展脉络中去把握，其含义更加鲜明和深刻。

追根溯源，早在远古时期，中原一带，各部落互相侵伐，民不聊生，具有德行和能力的黄帝脱颖而出，统一了这一地区。由炎帝、黄帝结成的炎黄部落成为当时“五方共主”的对象，天下之人咸服。炎黄联盟的出现，以及黄帝通过设置职官、任用贤良、下放权力、创造文字等举措，又巩固了已有的威望，让中原地区百姓的生活更加安宁顺遂。炎黄之说，虽是传说，却反映了古代先民的愿望和理想。由炎黄部落所带来的社会稳定和繁荣，为历史上的“大一统”找到了最初的印证，对中华民族的繁衍发展起到了至关重要的作用。“从历史学观点看，炎帝族和黄帝族是史前两个关系密切的大氏族部落，他们对后来中华民族的生衍发展有很大影响。”[②]

随后，夏商周王朝的建立和发展，疆域面积进一步扩大。商朝留下的甲骨文，西周留下的礼乐制度，进一步充实了“大一统”的思想内容，为“大一统”思想的形成奠定了扎实的基础。后人对周礼评价甚高：“周之文化，以礼为渊海，集前古之大成，开后来之政教。”[③] 这种“政教”对于推进“大一统”局面的出现起到了积极的作用。“降至春秋战国，周王室衰落，礼坏乐崩，诸

---

① 安平秋、张传玺：《二十四史全译：汉书》（全三册）第三册，汉语大词典出版社 2004 年版，第 1479 页。

② 张岂之：《中国历史十五讲：典藏版》，北京大学出版社 2020 年版，第 24 页。

③ 柳诒徵：《中国文化史》（全二册）上册，东方出版社 2008 年版，第 118 页。

侯林立，天下苦乱久矣，反而催生了大一统思想的发展。”[①]《春秋公羊传》中这样写道：“何言乎王正月？大一统也。”[②]这是文献中最早提到“大一统”的地方。春秋时期的齐国，在名相管仲的治理之下，内修政业，外施术策，帮助齐桓公实现了霸业。故孔子有言：“管仲相桓公，霸诸侯，一匡天下，民到于今受其赐。”[③]孔子对管仲评价很高，从这段评价中可以看到，管仲帮助齐桓公称霸，稳定国内秩序，使百姓能够实现安宁且文化习俗得以保留和传承。

“大一统”成为不同学派争相阐释的一种政治追求。“‘大一统’是战国时期法家、儒家和道家的共同政治理想，不过，在如何达到‘大一统’，以及‘大一统’实现以后如何治国上有不同的看法。”[④]韩非子强调：“事在四方，要在中央；圣人执要，四方来效。”[⑤]韩非子勾勒出中央集权制国家的治理特征，与“大一统”思维不谋而合。梁襄王询问孟子如何实现天下安定，孟子回答曰：“定于一。”[⑥]孟子强调用仁义完成安定事业。庄子指出：“古之畜天下者，无欲而天下足，无为而万物化，渊静而百姓定。”[⑦]庄子希望通过道家之学，实现“天下足”“万物化”“百姓定”。这些不同学派的代表人物都希望实现天下安定、国家统一的目标，只不过采取的具体方法不同而已。

秦始皇统一六国后，建立健全官制，推行郡县制。《汉书·百官公卿表》中强调：“秦兼天下，建皇帝之号，立百官之职。”[⑧]秦朝在朝廷设“三公九卿”，

---

① 王学斌：《历史自信与中国道路》，广西师范大学出版社 2024 年版，第 125 页。

② 梅桐生译注：《春秋公羊传全译》，贵州人民出版社 1998 年版，第 13 页。

③ 杨伯峻译注：《论语译注》，中华书局 2012 年版，第 210 页。

④ 张岂之：《中国历史十五讲：典藏版》，北京大学出版社 2020 年版，第 42 页。

⑤ 胡建新、路广正等选译：《诸子精语译释》，济南出版社 1992 年版，第 634 页。

⑥ 刘兆伟：《孟子译评》，中华书局 2011 年版，第 13 页。

⑦ 方勇译注：《庄子》，中华书局 2015 年版，第 178 页。

⑧ 安平秋、张传玺：《二十四史全译：汉书》（全三册）第一册，汉语大词典出版社 2004 年版，第 312 页。

在地方推行郡县制，全国设不同的郡，郡下面设县，在边疆族群聚居之地，设立“道”，道、县为同级别行政管理单位，负责管理全国基层事务。“郡、县（道）是中央政府实施直接治理的地方行政单位，通过垂直集权的郡县制，秦朝将中央的法、律、令推行至全国各地，实现了高度的政治统合，中央集权制度从此确立。”① 加之，秦朝统一度量衡，制定“车同轨”“书同文”的政策，巩固了“大一统”的局面和成果。秦朝修驰道、直道，加强了交通管理，方便不同地区人们之间的交流。“以京师为中心的辐射式交通体系，对于国计民生和文化交流，特别是巩固统一王朝极其重要，所以一直为历代封建王朝所承袭。”② 秦朝统一文字，为不同地区的人们消除障碍、密切联系提供了方便，与此同时，推动了朝廷政令及时有效下达和民情及时上达朝廷。“如此一来，中央政府颁布的法令可以在国土内最偏远的地区施行，即使当地的居民读这项法令时的发音与其他地方截然不同。”③ 在“大一统”的环境中，因完善的制度、健全的交通、统一的文字，加上勤勉努力的基层官吏和百姓的兢兢业业，反过来又巩固了“大一统”格局。从此，“大一统”理念深入人心，成为影响中华民族生存和发展的重要治国密码。

汉初经休养生息，国力逐渐强盛。汉武帝时期，进一步加强中央集权，着力发展农业经济，完善官僚制度，加强与少数民族地区的联系与开发，因而出现了经济繁荣、府库充盈、百姓安居乐业的盛世局面。为了巩固这种来之不易的局面，汉武帝采纳大儒董仲舒的建议，采用儒家学说为国家正统学说，从思想方面维护了安定秩序。董仲舒指出：“《春秋》大一统者，天地之常经，古今

---

① 本书编写组：《中华民族共同体概论》，高等教育出版社 2023 年版，第 86 页。

② 王仁波：《秦汉文化》，学林出版社 2001 年版，第 11 页。

③ 孙志新：《秦汉文明：历史、艺术与物质文化》，社会科学文献出版社 2020 年版，第 7 页。

之通谊也。”[①]汉武帝认可和采纳了董仲舒提出的这一观点，且付诸实践。

唐朝建立后，在唐太宗时期，经过治理，出现政治稳定、经济发展、文化昌盛的“贞观之治”。在维护“大一统”方面，唐太宗能够做到轻徭薄赋、广泛采纳不同方面的意见和建议、缩减政府开支、提高行政效率，最终促成了治世的出现。当时的百姓能够身处治世，切身感受幸福安康。“以后又连年丰稔，米粟每斗不过三四钱，出现了‘牛马布野，外户不闭’的现象。自长安南至岭表，东至于海，行旅不需自带粮食，沿途可以得到充分的供应。”[②]

元朝建立者忽必烈在漠南管理汉地时，任用汉人，推行汉法，卓有成效。1260 年 4 月，忽必烈在开平即位，成为大蒙古国的大汗；当年 5 月，忽必烈按照中原王朝惯例，定国号为“中元”，取“中原正统”之义。忽必烈在诏书中讲道：“稽列圣之洪规，请前代之定制。建元表岁，示人君万世之传。纪时书王，见天下一家之义。”[③]忽必烈以“天下一家”为施政目标，展示出对“大一统”的深刻理解和把握。1264 年 8 月，忽必烈取《易经》中“至哉坤元”之义，改年号为“至元”。1271 年 11 月，忽必烈又取《易经》中“大哉乾元”之义，定国号为“大元”。忽必烈推行汉政，尊崇儒学，重用汉人，完善了官僚机构和礼仪规范，对于其最终完成统一大业，发挥了十分重要的作用。全国统一后，忽必烈进一步发展农业生产，加强对国家版图下各地区的管理，促进各地经贸联系，成功地巩固了“大一统”的成果。

明朝朱元璋在即位诏中讲到中原王朝的传承：“朕惟中国之君，自宋运既终，天命真人于沙漠，入中国为天下主，传及子孙，百有余年，今运亦终。”[④]

---

① 安平秋、张传玺：《二十四史全译：汉书》（全三册）第二册，汉语大词典出版社 2004 年版，第 1208 页。

② 汪篯：《汪篯汉唐史论稿》，北京大学出版社 2017 年版，第 102 页。

③ 史卫民：《大一统：元至元十三年纪事》，上海人民出版社 2020 年版，第 39 页。

④ （明）朱元璋：《明太祖集》，黄山书社 2014 年版，第 1 页。

朱元璋在元末各路英雄逐鹿中趁势崛起，完成统一大业，开创“大一统”局面。朱元璋在诏谕中强调：“朕既为天下主，华夷无间，姓氏虽异，抚字如一。”①从这段话可以看出朱元璋的胸襟及容纳万千的气象。为了确保“大一统”目标的实现，明朝强化了程朱理学在意识形态方面的地位，将其上升到官方正统之学的高度，以期影响全国各族人民。“在官方文化一统政策的推行与基层社会文化认同逐渐强化的过程中，各民族文化以程朱理学为桥梁，互相交流、吸收，文化交融日益深入。这在思想文化层面保障了明代统一多民族国家的稳定，完善并发展了中华民族‘多元一体’格局的思想文化的基础和纽带。”②

在关外一隅的满洲贵族经努尔哈赤、皇太极的努力，其实力逐渐增强。皇太极强调“满汉一体”，采取优待汉官、推行明制、改国号为大清等方式，为满洲贵族实现“大一统”目标奠定了基础。清军入关后，继续秉持开放的政策，持续重用汉官、尊崇儒学、推行明制，在顺治朝，初具治理规模。康熙即位后，以“天下一家”为追求目标，礼遇汉官，崇尚儒学，编写文化典籍，传承中华文明。康熙在《御纂朱子全书》的序中写道：“朕读其书，察其理，非此不能知天人相与之奥，非此不能治万邦于衽席，非此不能仁心仁政施于天下，非此不能内外一家。”③因康熙有着“大一统”的思维和能力，故能开启清代“大一统”盛世局面的出现：“清朝创造了一个其他王朝无与比拟的辉煌的功绩。版图辽阔，疆域巩固，多民族的融合，形成了一个有凝聚力的民族大家庭，再加上经济文化的繁荣，可以说是中国历史发展到了最高的水平。”④

---

① （明）薛应旂：《宪章录校注》，凤凰出版社 2014 年版，第 32 页。

② 陈思：《文化同构与族群融合：多元一体格局下中华民族共同体的历史演进》，研究出版社 2023 年版，第 167 页。

③ 王思治：《清史述论》（全二册）上册，故宫出版社 2016 年版，第 219 页。

④ 戴逸：《清史寻踪》，北京出版社 2017 年版，第 58 页。

3. 为政以德

孔子说："为政以德，譬如北辰居其所而众星共之。"[①] 以孔子为代表的儒家学派，鲜明地提出"以德治国"的德政理念，影响了几千年来统治者的政策实施。

西周时期，虽然天命论仍然具有很大的影响力，但是随着政局的复杂严峻，政治忧患意识促使周人思考天命与道德之间的关系问题。周人十分推崇道德，将其视为从政的重要基础："皇天无亲，惟德是辅。"[②] 西周由此成为后来儒家学派所推崇的朝代。"这个创始时期即西周（与之后衰落的东周相对），是中国尤其是儒家传统的政治典范，享有盛誉，一直被后者尊为黄金时代。"[③] 周公更是以自己的思想和实践，赋予了道德更加深刻的内涵和价值。周公将明德、敬德与保民、慎罚联系在一起，共同构成了西周的政治法则和秩序，夯实了西周的政权基础。周公的德政思想对孔子"为政以德"思想产生了深刻影响。"孔子的德治思想直接来源于周初的敬德保民思想，成为儒家政治思想最基本的价值理念之一。"[④]

秦朝短命而亡。汉朝虽承秦制，但越来越主张德化政治，最终采取"罢黜百家，独尊儒术"的政治主张。"一旦儒家学说转变化为一种国家意识形态，那么，儒家学问与道德品行的高下就成为选拔政府官员愈发重要的衡量标准。"[⑤] 儒家思想在汉朝成为正统的意识形态。儒家的"为政以德"思想在汉朝体现在统治者推行察举制、奖励有政绩官员等方面。汉朝推行察举制，以儒家

---

① 杨伯峻译注：《论语译注》，中华书局 2012 年版，第 15 页。

② 江灏、钱宗武译注：《今古文尚书全译》，贵州人民出版社 1992 年版，第 359 页。

③ ［法］程艾蓝：《中国思想史》，冬一、戎恒颖译，河南大学出版社 2018 年版，第 36 页。

④ 王杰：《中国哲学十八讲》，红旗出版社 2019 年版，第 46 页。

⑤ 赵鼎新：《儒法国家：中国历史新论》，浙江大学出版社 2022 年版，第 318 页。

学说为指导思想，来评价和衡量官员。只有那些熟读儒家经典，深得儒家思想精髓的人方能在仕途上有更大作为。这批被选拔出来的官员，在治政过程中，定会做到“为政以德”，成为古代循吏的代表。西汉名臣龚遂就是通过明经而为官。他因通晓经术，深谙“为政以德”，故能在治政中践行“为政以德”理念。他担任渤海太守后，体恤民情，安抚百姓，让百姓安居乐业，将德政理念贯彻在实践中，成为一代名吏。西汉的黄霸不仅自身有能力，而且还奖励体恤民情的官员，真正做到了知人善任。

南北朝时期，无论是北朝的统治者还是南朝的统治者，大部分能重视德政，推行德政。北朝的北魏政权，因其推行德政，故势力日益增强。北魏拓跋珪在诏令中强调：“昔朕远祖，总御幽都，控制遐国，虽践王位，未定九州。逮于朕躬，处百代之季，天下分裂，诸华乏主。民俗虽殊，抚之在德，故躬率六军，扫平中土，凶逆荡除，遐迩率服。宜仍先号，以为魏焉。布告天下，咸知朕意。”①“抚之在德”成为拓跋珪施政的基本理念。南朝的刘裕在当政和当皇帝期间，能够实施仁政，夯实执政基础。刘裕当皇帝时，在策书中强调了道德的重要性：“夫树君宰世，天下为公，德充帝王，乐推攸集。”②意思是说，是否具备德行、能否推行德政，是决定其能否成为“帝王”的重要条件。

唐朝建立后，统治者十分重视儒学的应用。唐高祖尊崇儒学，指出：“自古为政，莫不以学为先。学则仁、义、礼、智、信，五者俱备，故能为利深博。朕今欲敦本息末，崇尚儒宗，开后生之耳，行先王之典谟。”③唐高祖所言，深刻揭示了儒学德政的重要内容。唐太宗也重视儒学德政：“朕虽以武功

① 周国林：《二十四史全译：魏书》（全四册）第一册，汉语大词典出版社 2004 年版，第 26 页。

② 杨忠：《二十四史全译：宋书》（全三册）第一册，汉语大词典出版社 2004 年版，第 45 页。

③ 牛致功：《唐高祖传》，人民出版社 2016 年版，第 220 页。

定天下，终当以文德绥海内。文武之道，各随其时。”[①]唐太宗深刻认识到，虽然武力可以得天下，却需要以德治天下。

明朝建立后，朱元璋主张以儒家学说治理国家，强调德政：“仲尼之道，广大悠久，与天地相并，故后世有天下者，莫不致敬佩尽礼，修其祀事。朕今为天下主，期在明教化以行先圣之道。”[②]

清朝建立后，统治者十分重视以德治国。康熙不仅钻研儒学，深刻领悟道德用于治国的重要性，而且周围集聚了大批富有才学的官员，在君臣密切配合之下，将儒家的德治观念应用到政治实践中，取得了显著的效果。康熙讲道：“至圣之德，与天地日月同其高明广大，无可指称。朕向来研求经义，体思至道，欲加赞颂，莫能明言。特书‘万世师表’四字，悬额殿中。非云阐扬圣教，亦以垂示将来。”[③]雍正从巩固统治角度，积极弘扬孔子学说：“人第知孔子之教在明伦纪，辨名分，正人心，端风俗，亦知伦纪既明，名分既辨，人心既正，风俗既端，而受其益者之尤在君上也哉！”[④]从雍正这段话来看，他十分注重孔子学说中用于治政的内容，尤其是德政的教化作用。

4. 任人唯贤

在中华优秀传统文化中，任贤与能的思想源远流长。《尚书・咸有一德》中写道：“任官惟贤材，左右惟其人。”[⑤]这是任人唯贤较早的表达。贤良之人被任用甚至重用，是值得倡导的政治举措。尧在位的时候，就以善于用人而闻名，其部落也因此而治理良善。商周以来，也有贤臣，与王朝兴盛紧密关联。

① 赵克尧、许道勋：《唐太宗传》，人民出版社 2015 年版，第 302 页。
② 陈梧桐：《朱元璋大传》，中华书局 2019 年版，第 197 页。
③ 蒋兆成、王日根：《康熙传》，人民出版社 2010 年版，第 409 页。
④ 冯尔康：《雍正传》，人民出版社 1985 年版，第 424 页。
⑤ 江灏、钱宗武译注：《今古文尚书全译》，贵州人民出版社 1992 年版，第 149 页。

春秋战国时期，各国兴衰，均与其国君是否善用贤良息息相关。

秦始皇统一六国后，开始注重挖掘和培养贤才。当时，有博士职官，只有学富五车之人才堪其任。他们拥有较高的政治和社会地位，受人尊敬。秦朝在全国各地设“学室”，即地方官学。虽然在“学室”学习有一定的条件和门槛要求，但只要在“学室”学习努力、成绩合格，就能被选拔为官，被进一步使用，为充实官僚队伍开辟了一条道路。儒家思想所强调的任人唯贤思想在汉朝得到进一步发展和丰富。“儒家思想主张选贤与能，反对政治权力和社会地位的世袭。所以，儒家最为理想的社会是‘天下为公’的社会，有大德者居大位，圣王之间的权力更迭采用‘禅让’制。在地方社会秩序中，则反对‘世卿’，主张贤者居位，让有才能的人参与到地方秩序的维护中。”[①]汉高祖刘邦逐渐产生诏用贤良之人的意识。经汉文帝、汉景帝对贤良之才的挖掘与使用，到汉武帝时期，形成了人尽其才的良好局面。

汉武帝时期出现人才济济的局面，很重要的原因就在于他对贤良之才的渴求意识十分强烈，且能建立满足贤才选拔任用需求的察举制。汉武帝刚即位，“诏丞相、御史、列侯、中二千石、二千石、诸侯相举贤良方正直言极谏之士”[②]。参加汉武帝此次诏试的大儒董仲舒在策论中阐释了自己的治政思想，在用人方面提出了与汉武帝不谋而合的察举贤良思想：“臣愚以为使诸列侯、郡守、二千石各择其吏民之贤者，岁贡各二人以给宿卫，且以观大臣之能；所贡贤者有赏，所贡不肖者有罚。夫如是，诸侯、吏二千石皆尽心于求贤，天下之士可得而官使也。”[③]此后，岁举孝廉的察举制逐渐完善，为王朝招揽人才奠定

① 干春松：《儒学与中国社会十五讲》，北京大学出版社 2023 年版，第 319 页。

② 安平秋、张传玺：《二十四史全译：汉书》（全三册）第一册，汉语大词典出版社 2004 年版，第 63 页。

③ 安平秋、张传玺：《二十四史全译：汉书》（全三册）第二册，汉语大词典出版社 2004 年版，第 1202 页。

了制度化的基础。

魏晋时期，九品中正制应运而生。“汉末丧乱，魏武始基，军中仓卒，权立九品，盖以论人才优劣，非为世族高卑。因此相沿，遂为成法。”[①]东汉末年，战乱不断，选用人才的机制被破坏，为九品中正制的诞生提供了契机。“就当时人的说法，九品中正制度的创立，是由于经过黄巾大起义之后，人士流移，政府选举无法查考乡间的批评。”[②]朝廷在地方设中正官，负责从地方选拔德才兼备的优秀人才。中正官一定是有威望的人。“中正之任，必须德望兼资者。”[③]中正官的职责是察访地方优秀人才，考其家世，究其品行，撰写评语，按照九个等级进行划定，并呈报朝廷。“魏文帝初定九品中正之法，郡邑设小中正，州设大中正，由小中正品第人才，以上大中正，大中正核实，以上司徒，司徒再核，然后付尚书选用。”[④]九品中正制在历史上发挥过积极的作用，但到了后期，却被世家大族所控制，阻遏了寒门士子上升的通道。

南北朝时期，对既有的选人制度进行了完善。南朝的统治者，一般都很重视察举考试。比如，南朝宋建立后，十分重视举秀才、举孝廉策试，由皇帝亲自策问。北朝的鲜卑族建立的北魏政权亦十分重视察举考试。北魏孝文帝在即位之初，考察弊政，深刻地指出：“顷者州郡选贡，多不以实，硕人所以穷处幽仄，鄙夫所以超分妄进，岂所谓旌贤树德者也？今年贡举，尤为猥滥。自今所遣，皆门尽州郡之高，才极乡闾之选。”[⑤]北魏孝文帝认为，真正有才华的

---

① 杨忠：《二十四史全译：宋书》（全三册）第三册，汉语大词典出版社 2004 年版，第 1945 页。

② 唐长孺：《魏晋南北朝史论丛》，商务印书馆 2010 年版，第 84 页。

③ 邓嗣禹：《中国考试制度史》，商务印书馆 2021 年版，第 66 页。

④ （清）赵翼：《廿二史札记校证》，中华书局 2013 年版，第 174 页。

⑤ 周国林：《二十四史全译：魏书》（全四册）第一册，汉语大词典出版社 2004 年版，第 109 页。

人沉沦下僚，而徒有虚名之人充斥朝堂，故下诏要通过科学的选拔方式，让真正的人才被选拔出来，为朝廷所用。北魏孝文帝亲策秀才、孝廉，且告诫参加考试者要名实相符。大批有才华的人由此脱颖而出，充实到北魏官员队伍中，出现人才济济的局面："其余涉猎典章，闲集词翰，莫不縻以好爵，动贻赏眷。于是斯文郁然，比隆周、汉。"[①]

隋唐时期，在选人机制方面出现了大的突破，其标志就是科举取士的出现。"近炀帝始置进士之科，当时犹试策而已。"[②]隋炀帝大业二年（606年），朝廷设立"进士科"，开启了科举取士的时代。唐朝进一步发展了科举制。唐朝科举分为常科和制科。常科科目很多，包括进士科、明经科等。制科科目名称根据诏书所提内容确定。唐朝通过制举，选拔出大批优秀人才，如姚崇、张说、张九龄等，就是应制举而走上仕途的。"矫之以科举，而平民与贵族乃得均享政权，是亦未始无关于国家社会之进化也。"[③]唐朝科举制的完善，进一步拓宽了进入官吏队伍的通道，为巩固王朝政权奠定了人才基础。

宋元明清则对科举制予以进一步丰富和完善。宋代科举采取更为严格的方式来避免作弊现象的发生，同时促成了殿试制度的形成。当时，朝廷采取"糊名""誊写""保任"等方式，确保了考试的相对公正。殿试虽起源于唐代武则天，然赋予殿试严格审视和把关作用的是宋太祖。"宋太祖则是在知贡举官考试以后，再进行复试，这次复试录取者，列名于已录取者之后，作为一榜公布。"[④]元朝从思想认识方面，由不重视科举逐渐转为重视科举。元朝"详定程

① 周国林:《二十四史全译：北史》（全四册）第四册，汉语大词典出版社2004年版，第2214页。

② 黄永年:《二十四史全译：旧唐书》（全六册）第四册，汉语大词典出版社2004年版，第2858页。

③ 柳诒徵:《柳诒徵文集：全12卷》第七卷，商务印书馆2018年版，第503页。

④ 陈振:《宋史》，上海人民出版社2016年版，第646页。

式，规定三岁一举，每试三场，遂成定例”[①]。明朝健全了三级考试制度，读书人要经历乡试、会试、殿试。清朝统治者入主中原后，逐渐在全国推行科举制，为百废待兴的王朝建设集聚了大批优秀人才。科举制存续的 1000 多年中，虽在清朝末年被废除，但在历史长河中发挥了十分重要的作用。

5. 亲仁善邻

《左传·隐公六年》中指出：“亲仁善邻，国之宝也。”[②] 亲仁善邻是古人处理不同群体、族群、政权和国家之间关系的法宝，显示出友善邻里、爱好和平的诚意，彰显了中华民族的智慧，成为中华优秀传统文化的重要组成部分。

早在舜生活的那个年代，因其善于用人、能力较强、德行高尚，故能赢得百姓的拥戴和支持。“天下明德皆自虞帝始。”[③] 舜治政时期，苗族不服，有人倡导用武力征伐，使之服之。舜回答说不可以，原因在于自身德行不厚。经过数年努力，舜的部落德行有较大提升，直接感化了苗族，使之归附。因舜奉行亲仁之则，又有善邻之心，故能不动干戈，就让苗族归附。

春秋时期，各国战争不断，民不聊生。为了避免战争冲突，宋国执政向戌于公元前 546 年，向晋国、楚国发起“弭兵运动”，获得响应，此后又得到齐、鲁、宋、郑、卫、曹等国家的支持，最终在宋都商丘达成和平协议。“这次弭兵之盟史称‘向戌弭兵’，基本上是成功的。最大的成功之处是在会盟之后，晋、楚两大国间大约有 40 余年未发生大的战争。这不仅对晋楚两国，对许多有关的中小国家都有好处。”[④] “向戌弭兵”之所以能够促成，在于向戌信奉善

---

① 徐寒：《中国历史百科全书·教育卷》，吉林大学出版社 2004 年版，第 197 页。

② 王守谦、金秀珍、王凤春译注：《左传全译》，贵州人民出版社 1990 年版，第 33 页。

③ 安平秋：《二十四史全译：史记》（全二册）第一册，汉语大词典出版社 2004 年版，第 10 页。

④ 张传玺：《从“协和万邦”到“海内一统”：先秦的政治文明》，北京大学出版社 2009 年版，第 152 页。

邻睦邻之思想，故能在众多邻国之间达成和平共识。

北魏拓跋珪时期，推行“亲仁善邻”政策：“夫亲仁善邻，古之令轨，歃血割牲，以敦永穆。”①北魏献文帝拓跋弘面对柔然首领请求通婚的情况，没有采纳臣僚因柔然数次开启边衅而讨之的建议，以亲仁之态与之交往：“蠕蠕（柔然）譬若禽兽，贪而亡义，朕要当以信诚待物，不可抑绝也。予成（柔然首领）知悔前非，遣使请和，求结姻援，安可孤其款意？”②北魏孝文帝拓跋宏即位后，继续推行善待邻族、邻邦的政策，取得了很好的效果。高丽王高琏去世时，北魏孝文帝对高丽国王高琏有一个很高的评价，且在城东举行了悼念高琏的活动。北魏在处理与吐谷浑的关系中，也保持了克制的态度，展现出较为成熟的姿态。得知吐谷浑对北魏颇有不敬之意，许多北魏大臣主张讨伐，被孝文帝拒绝。孝文帝不仅耐心地开导臣僚，还释放在战争中俘虏的吐谷浑妇女和儿童。吐谷浑首领伏连筹十分感动，派其世子到北魏朝拜，受到礼待。

唐太宗实行开明、包容的民族政策，在其处理与周边少数民族政权和小国关系的过程中，往往能够以亲待之、以诚待之，做到绥之以德，实现较长时间的和平相处目标。在今天越南中部曾有个林邑国，唐太宗时期，因表疏中有不恭敬之词，有司遂建言唐太宗发兵讨之。唐太宗没有采纳有司建议。唐太宗认为征伐之事要谨慎，加之林邑之地，偏远多瘴疠，如若长途奔袭，自损亦多，故作出不讨之的正确决策。当然，他这一决策的制定，亦得益于睦邻善邻思想的支撑。

唐朝虽国力强盛，却没有以威压人，而是在平等基础上，推行和亲政策，实现不同族群和政权之间的友好和平相处。房玄龄曾说：“兵凶战危，圣人所

---

① 周国林:《二十四史全译：魏书》（全四册）第一册，汉语大词典出版社 2004 年版，第 491 页。

② 周国林:《二十四史全译：魏书》（全四册）第四册，汉语大词典出版社 2004 年版，第 1944 页。

慎，和亲之策，实天下幸甚。”[①] 唐太宗十分重视和亲政策的贯彻。当吐谷浑慕容诺曷钵继承汗位后，唐太宗将宗室之女弘化公主嫁给他。因有这层和亲关系，中原先进的农业技术和器具传入吐谷浑，吐谷浑地区的牛、羊、马输入中原，唐朝和吐谷浑加强了经贸、文化联系。应青藏高原吐蕃政权松赞干布之请，唐太宗于贞观十五年（641 年），将文成公主嫁给松赞干布，密切了唐朝和吐蕃之间的联系和汉藏友谊。

唐玄宗时期，与南诏关系的处理留下了深刻教训。在唐朝支持下，南诏国王皮逻阁统一洱海地区。皮逻阁由此被唐玄宗封为“云南王”。随着南诏国势力扩张，加之唐朝对南诏的误判，辅以云南太守张虔陀羞辱继承王位的南诏国王阁罗凤，双方终于爆发了军事冲突，以唐朝派兵攻打南诏失败而结束。从阁罗凤内心深处而言，南诏是不愿意与强大的唐王朝直接发生军事冲突的，之所以爆发军事冲突，实属不得已而为之。天宝十年（751 年），阁罗凤刻碑在国门，表明不得已叛唐之心迹：“我世世事唐，受其封爵，后世容复归唐，当指碑以示唐使者，知吾之叛非本心也。”[②] 基于现实关系的考虑，唐王朝随后调整了对南诏的政策。在唐朝名臣李泌、韦皋的建言下，唐德宗释放出与南诏进行接触甚至缓和关系的信号。阁罗凤的孙子异牟寻成为南诏王，在清平官郑回建言下，异牟寻亦在寻求缓和与唐朝关系的契机。郑回谏言道：“自昔南诏尝款附中国，中国尚礼义，以惠养为务，无所求取。今弃蕃归唐，无远戍之劳、重税之困，利莫大焉。”[③] 异牟寻接受了郑回的建议。

贞元九年（793 年），异牟寻所派三批使者奔赴长安。到达长安后，异牟

---

① 骈宇骞译注：《贞观政要》，中华书局 2011 年版，第 578 页。

② （宋）司马光：《资治通鉴（精装典藏本）》（全三十册）第二十二册，中华书局 2013 年版，第 7115 页。

③ 黄永年：《二十四史全译：旧唐书》（全六册）第六册，汉语大词典出版社 2004 年版，第 4543 页。

寻所派的使者言道:“所献生金，以喻向北之意如金也；丹砂，示其赤心耳。”[①]贞元十年（794 年），唐朝派使者崔佐与异牟寻在玷苍山达成和平相处协议。随后，唐德宗派尚书祠部郎中兼御史中丞袁滋赴南诏对异牟寻进行册封。袁滋使团进入南诏境内，受到当地人民的热烈欢迎。袁滋在异牟寻为其一行准备的宴会上，对异牟寻讲道:“南诏当深思祖宗绪业，坚守诚信，为西南藩屏，使后嗣有以传继也。”[②]唐朝采取了睦邻友邻的政策，促成了唐朝与南诏关系的恢复和发展，对于维护地区安宁和百姓安居乐业，以及加强唐朝与南诏友好往来奠定了扎实的基础。

宋朝在处理与大理国的关系当中，秉持和睦相待之政策。大理国派使者赴宋朝贡，宋朝亦遣使赴大理国，加强了经贸和文化方面的联系。宋朝为了提升战斗力，经常向大理国购买马匹，大理国为宋提供大量优质马。宋和大理国民间贸易亦十分频繁。大理国使者携带麝香、胡羊等与宋朝进行交易；宋朝使者携带锦缯、文书等，与大理国进行交易。

朱元璋建立明朝后，在与周边国家关系的处理中，坚持和平共处的原则，体现出睦邻友邻的色彩。他派使者赴周边国家，通报明朝的外交方针时说:“（朕）已承正统，方与远迩相安于无事，以共享太平之福。”[③]朱元璋在给爪哇国王的诏书中说:“朕仿前代帝王，治理天下，惟欲中外人民，各安其所。”[④]当周边国家之间发生冲突时，朱元璋以居中调停人的身份进行协调和劝告。安南与占城发生战争，朱元璋派使者分赴两国，劝言不要越境殃及他民。琉球中山王、山南王、山北王出现征伐现象。朱元璋得知后，立即派使者前去劝说。在朱元璋的调解劝说下，琉球三王的冲突被化解。明朝采取的和平睦邻政策，得

① 黄永年:《二十四史全译：旧唐书》（全六册）第六册，汉语大词典出版社 2004 年版，第 4543—4544 页。

② 方铁:《南诏大理国兴衰史》，岳麓书社 2023 年版，第 174 页。

③ 陈梧桐:《朱元璋大传》，中华书局 2019 年版，第 476 页。

④ 陈梧桐:《朱元璋大传》，中华书局 2019 年版，第 476 页。

到了周边国家的认可和支持。

中华优秀传统文化博大精深，蕴藏着丰富的内容，其中的民胞物与、六合同风、为政以德、任人唯贤、亲仁善邻等基本理念、精神，反映了古代中国人的文化风貌和价值取向，是中华民族生生不息、团结自强的精神密码。这些基本理念、精神在当代社会，仍然能够为凝聚人心、达成共识、增强文化认同、进一步推进铸牢中华民族共同体建设作出贡献。

坚定中华文化认同的传统底蕴

党的十八大以来，习近平总书记高度重视中华优秀传统文化。习近平总书记指出："中华优秀传统文化是中华民族的文化根脉，其蕴含的思想观念、人文精神、道德规范，不仅是我们中国人思想和精神的内核，对解决人类问题也有重要价值。"文化认同是最深层次的认同，是民族团结之根，民族和睦之魂。深入挖掘中华优秀传统文化中所蕴含的思想观念、人文精神、道德规范，为涵养文化认同的传统底蕴、构筑中华民族共有精神家园、铸牢中华民族共同体意识提供了厚重的文化支撑。

1. 思想观念

（1）民惟邦本

古代中国有着浓厚的民本思想情结。《尚书·五子之歌》中提出："民惟邦本，本固邦宁。"[①] 孔子提出的"仁政"，是从百姓的角度进行倡导。孟子讲道："民为贵，社稷次之，君为轻。"[②] 而且，孟子将对百姓的认识提升到了一个新高度："夫君长之得位由于丘民，诸侯社稷均可变置，一国之中永存而不得动摇者惟有人民而已。是孟子不仅以人民为政治之目的，亦且以之为主体。"[③]

---

① 江灏、钱宗武译注：《今古文尚书全译》，贵州人民出版社 1992 年版，第 97 页。

② 刘兆伟：《孟子译评》，中华书局 2011 年版，第 448 页。

③ 萧公权：《中国政治思想史》，商务印书馆 2017 年版，第 95 页。

西汉的贾谊讲道："闻之于政也，民无不为本也。国以为本，君以为本，吏以为本。故国以民为安危，君以民为威侮，吏以民为贵贱，此之谓民无不为本也。"[①] 既然百姓在国家发展中的地位如此重要，故君子和士民就要重视甚至维护百姓的利益。"故君子之贵也，与民以福，故士民贵之；故君子之富也，与民以财，故士民乐之。"[②] 真正的富贵只有惠及百姓，才是真正的富贵。《淮南子》中强调安民的重要性："为治之本，务在于安民；安民之本，在于足用；足用之本，在于勿夺时；勿夺时之本，在于省事；省事之本，在于节欲；节欲之本，在于反性。"[③]

唐太宗认识到百姓对于政权建立和存续具有重要的作用，故其提出对待百姓要有仁爱之心："夫天之育物，犹君之御众。天以寒暑为德，君以仁爱为心。"[④] 武则天在《臣轨》中提出君主和百官一定要以百姓为施政之本的思想："夫黔首苍生，天之所甚爱也。为其不能自理，故立君以理之。为君不能独化，故为臣以佐之。"[⑤]

元朝的忽必烈十分重视百姓利益。他在诏书中强调："昔以万户、千户渔夺其民，致令逃散，今悉以人民归之元籍州县。凡管军将校及宋官吏，有以势力夺民田庐产业者，俾各归其主，无主则以给附近人民之无生产者。其田租商税、茶盐酒醋、金银铁冶、竹货湖泊课程，从实办之。凡故宋繁冗科差、圣节上供、经总制钱等百有余件，悉除免之。"[⑥] 对民生的重视反映了忽必烈浓厚的

---

① 刘余莉：《群书治要译注》（全十册）第九册，中国书店 2013 年版，第 3437 页。

② 刘余莉：《群书治要译注》（全十册）第九册，中国书店 2013 年版，第 3437 页。

③ 刘余莉：《群书治要译注》（全十册）第九册，中国书店 2013 年版，第 3495 页。

④ 王双怀、梁克敏、董海鹏译注：《帝范 臣轨 庭训格言》，中华书局 2021 年版，第 53 页。

⑤ 王双怀、梁克敏、董海鹏译注：《帝范 臣轨 庭训格言》，中华书局 2021 年版，第 143 页。

⑥ 李修生：《二十四史全译：元史》（全六册）第一册，汉语大词典出版社 2004 年版，第 148 页。

民本情结。

朱元璋对基层百姓的情状十分熟悉和了解，因为他是从底层起家的。正如他所言：“朕家本业农，祖父皆长者，世承忠厚，积善余庆，以及于朕。今图此者使后世观之，知五业艰难也。”① 他希望人们不要忘本，要知民之艰辛。故在政策实施过程中，要有爱民之心、爱民之举。所以朱元璋讲道：“君道以事天爱民为重，其本在敬身。”②

（2）天人合一

古代社会，天人合一思想对国人影响十分深远。北宋思想家张载正式提出“天人合一”这个概念：“儒者则因明致诚，因诚致明，故天人合一，致学而可以成圣，得天而未始遗人，易所谓不遗、不流、不过者也。”③ 张载从治学修身成圣的角度去谈天人合一。天人合一强调对大自然的敬畏、对客观规律的遵守、对权力使用的谨慎。

首先，天人合一强调对大自然的敬畏。《周易》中指出：“有天地，然后万物生焉。”④ 天人合一中的“天”首先体现于大自然，因为天地生万物、育男女。“夫天之育万物也，耀之以日月，纪之以星辰，运之以阴阳，成之以寒暑，震之以雷霆，润之以云雨，天不亲事而万事归功者，以所任者得其宜也。”⑤ 天人合一的理念告诫世人，要正确处理人与自然之间的关系，要正确对待大自然，做到与其和谐相处。

其次，天人合一强调对客观规律的遵守。《周易》中指出：“至哉坤元，万

① 李国祥、杨昶：《明实录类纂：宫廷史料卷》，武汉出版社 1992 年版，第 75 页。

② 李国祥、杨昶：《明实录类纂：宫廷史料卷》，武汉出版社 1992 年版，第 93 页。

③ （宋）张载：《张载集》，中华书局 1978 年版，第 65 页。

④ 杨天才、张善文译注：《周易》，中华书局 2011 年版，第 671 页。

⑤ 刘余莉：《群书治要译注》（全十册）第十册，中国书店 2013 年版，第 4034 页。

物资生，乃顺承天。”[①] 这里的“天”指的是天道，即人类社会的客观规律，也是天人合一中“天”的内涵之一。无论是个体，还是群体，都要遵守社会发展规律，方能适应和促进社会发展。“德者，天地万物得也；义者，天地万物宜也；礼者，天地万物体也。使天地万物皆得其宜，当其体者，谓之大仁。”[②]《潜夫论》中指出：“夫用天之道，分地之利，六畜生于时，百物取于野，此富国之本也。”[③] 遵循社会客观规律，发展农业、畜牧业，做到五谷丰登，让百姓过上安宁日子，这是政权赖以存续的基础。

最后，天人合一强调对权力使用的谨慎。古代社会，皇权至上。通过什么方式制约皇权，是很多思想家和政治家深思的事情。西汉大儒董仲舒讲过一段话：“国家将有失道之败，而天乃先出灾害以谴告之，不知自省，又出怪异以警惧之，尚不知变，而伤败乃至。”[④] 董仲舒通过告诫统治者敬畏天，进而告诫统治者敬畏权力，不能滥用，且要实施德政。

大到国家，要施德政；小到个人，要行善事。天人合一理念给了施德政、行善事某种合理性确证。从国家角度，统治者要施行德政。周公实施德政，百姓安居乐业。“周公在上而天下太平，国无夭伤，岁无荒年。”[⑤] 天人合一给国家实施德政赋予了某种支持。“古者，政得则阴阳调、星辰理、风雨时。故行修于内，声闻于外；为之于下，福应于天。”[⑥] 从个人角度看，天人合一给予个体行善事最大程度的支持。“余闻天道无亲，常与善人，然报施之际，不于其

---

① 杨天才、张善文译注：《周易》，中华书局 2011 年版，第 28 页。

② 刘余莉：《群书治要译注》（全十册）第八册，中国书店 2013 年版，第 3067 页。

③ 刘余莉：《群书治要译注》（全十册）第九册，中国书店 2013 年版，第 3692 页。

④ 安平秋、张传玺：《二十四史全译：汉书》（全三册）第二册，汉语大词典出版社 2004 年版，第 1192—1193 页。

⑤ 刘余莉：《群书治要译注》（全十册）第九册，中国书店 2013 年版，第 3525 页。

⑥ 刘余莉：《群书治要译注》（全十册）第九册，中国书店 2013 年版，第 3525 页。

躬，必于其子孙。”[①] 抛开神秘主义成分，“天道”成为激励个体做善事的动力来源。

（3）崇尚节俭

节俭不仅是个体品德的重要组成部分，还是治国的重要理念。《左传·庄公二十四年》中指出：“俭，德之共也；侈，恶之大也。”[②] 对节俭的倡导，对奢侈的厌恶，成为衡量德行的重要指标。

汉文帝常穿粗丝衣服，其所宠爱的慎夫人，也被要求以朴实之风示人。汉文帝在位期间，宫室、园林、狗马、服饰等均没有增加。他曾打算建造露天平台，因其需花费百金而作罢：“百金中民十家之产，吾奉先帝宫室，常恐羞之，何以台为！”[③] 更难能可贵的是，汉文帝还在遗诏中提出了“薄葬”思想：“朕闻盖天下万物之萌生，靡不有死。死者天地之理，物之自然者，奚可甚哀。当今之时，世咸嘉生而恶死，厚葬以破业，重服以伤生，吾甚不取。”[④]

唐太宗能够从王朝兴亡治乱的高度看待节俭。唐太宗曾讲，“古人云：‘不作无益害有益’，‘不见可欲，使人心不乱’，固知见可欲，其心必乱矣。至如雕镂器物，珠玉服玩，若恣其骄奢，则危亡之期可立待也。自王公已下，第宅、车服、婚娶、丧葬，准品秩不合服用者，宜一切禁断”[⑤]。唐太宗还认识到，倡导节俭可以做到移风易俗，实现淳朴风气的塑造：“夫圣世之君，存乎节俭。富贵广大，守之以约；睿智聪明，守之以愚。不以身尊而骄人，不以德

---

① （明）黄淮：《黄淮集》（全二册）上册，浙江古籍出版社 2023 年版，第 201 页。

② 王守谦、金秀珍、王凤春译注：《左传全译》，贵州人民出版社 1990 年版，第 156 页。

③ 安平秋：《二十四史全译：史记》（全二册）第一册，汉语大词典出版社 2004 年版，第 163 页。

④ 安平秋：《二十四史全译：史记》（全二册）第一册，汉语大词典出版社 2004 年版，第 163 页。

⑤ 骈宇骞译注：《贞观政要》，中华书局 2011 年版，第 399—400 页。

厚而矜物。茅茨不翦，采椽不斫，舟车不饰，衣服无文，士阶不崇，大羹不和。非憎荣而恶味，乃处薄而行俭。故风淳俗朴，比屋可封。”[①] 唐太宗倡导节俭精神，且将这种精神用到治国当中，成效十分明显。“由是二十年间，风俗简朴，衣无锦绣，财帛富饶，无饥寒之弊。”[②]

宋太祖十分重视节俭。“帝（宋太祖）性孝节俭，质任自然，不事矫饰。”[③] 他个人遵循节俭之道，在宫中树立了良好的节俭之风：“宫中苇簾，缘用青布；常服之衣，浣濯至再。”[④] 他还以旧衣布衫以示左右：“此吾故时所服也。”[⑤] 当他看到魏国长公主穿着太过奢华，谆谆告诫之：“汝生长富贵，当念惜福。”[⑥] 他还能将对节俭的认识上升到王朝兴衰的高度加以确认。平蜀后，宋太祖看到孟昶宫中诸多宝装溺器，皆命碎之：“自奉如此，欲求无亡得乎？”[⑦]

建立明朝的朱元璋认识到不事奢华、倡导节俭是治政的重要内容。洪武元年（1368 年）十二月，朱元璋手指宫中隙地，对皇太子、诸王讲道：“此非不可起亭馆台榭为游观之所，今但令内使种蔬，诚不伤民之财，劳民之力耳。昔商纣崇饰宫室，不惜人民，天下怨之，身死国亡。汉文帝欲作露台而惜百金之费，当时民安国富。夫奢俭不同，治乱悬判。尔等当记吾言，常存儆戒！”[⑧]

---

① 王双怀、梁克敏、董海鹏译注：《帝范 臣轨 庭训格言》，中华书局 2021 年版，第 50 页。

② 骈宇骞译注：《贞观政要》，中华书局 2011 年版，第 400 页。

③ 倪其心：《二十四史全译：宋史》（全十六册）第一册，汉语大词典出版社 2004 年版，第 40 页。

④ 倪其心：《二十四史全译：宋史》（全十六册）第一册，汉语大词典出版社 2004 年版，第 41 页。

⑤ 邓广铭：《邓广铭全集》（全十册）第三册，河北教育出版社 2005 年版，第 62 页。

⑥ 倪其心：《二十四史全译：宋史》（全十六册）第一册，汉语大词典出版社 2004 年版，第 41 页。

⑦ 邓广铭：《邓广铭全集》（全十册）第三册，河北教育出版社 2005 年版，第 52 页。

⑧ 李国祥、杨昶：《明实录类纂：宫廷史料卷》，武汉出版社 1992 年版，第 77 页。

洪武三年（1370年）七月，朱元璋看到内藏后对臣僚讲道："此皆民力所供，畜积为天下用，吾何敢私？苟奢侈妄费，取一己之娱，殚耳目之乐，是以天下之积为一贱之奉也。今天下已平，国家无事，封赏之外，正宜俭约以省浮费。"[①] 洪武六年（1373年）正月，朱元璋对声色之乐进行了深入反思和自省："朕尝思声色乃伐性之斧斤，易以溺人，一有溺焉，则祸败随之，故其为害者甚于鸩毒，朕观前代人君以此败亡者不少，盖为君居天下之尊，享四海之富，靡曼之色，窈窕之声，何求而不得，苟不知远之，则小人乘间纳其淫邪，不为迷惑者几人焉？况创业垂统之君，为子孙之所承式，尤不可以不谨。"[②]

（4）知行合一

明代思想家王阳明系统提出"知行合一"思想，对于转变人们片面的思想认识，提升对事情理解的能力，具有重要的价值。《传习录》中记载了王阳明与其弟子徐爱关于"知行"关系的探讨。王阳明深刻地指出："某尝说知是行的主意，行是知的功夫；知是行之始，行是知之成。"[③] 王阳明理解的"知"，不仅仅是知识上的掌握，更是能够经得起实践检验、且能指导现实的"知"。"阳明此处所谓的知，是重在事实上，要直接去应用，不用玄渺虚漠理上的知。"[④]"知"与"行"不仅是相辅相成的，而且能够互相作用，甚至能够实现转换。"行之明觉精察处，便是知；知之真切笃实处，便是行。若行而不能精察明觉，便是冥行，便是'学而不思则罔'，所以必须说个知；知而不能真切笃实，便是妄想，便是'思而不学则殆'，所以必须说个行：元来只是一个工夫。"[⑤]

---

① 李国祥、杨昶：《明实录类纂：宫廷史料卷》，武汉出版社1992年版，第1408页。

② 李国祥、杨昶：《明实录类纂：宫廷史料卷》，武汉出版社1992年版，第1478页。

③ （明）王阳明：《王阳明集》（全二册）上册，中华书局2016年版，第4页。

④ 王勉三：《知行合一王阳明》，北京时代华文书局2019年版，第102页。

⑤ （明）王阳明：《王阳明集》（全二册）上册，中华书局2016年版，第186页。

从历史上看，许多地方官在为官期间，总能在实践中做出业绩，这就得益于其思想上的“知”。西汉时期的名臣黄霸，善于用人，且能做到各司其职。有一次，某督邮状告长吏许丞，建议黄霸弃用许丞，只因许丞年老多忘事，不适合为官。黄霸拒绝了这个督邮的建议，仍然续用了许丞。为什么黄霸能在治政过程中有这样的行为呢？这得益于他思想上成熟的认知：“数易长吏，送故迎新之费及奸吏缘绝簿书盗财物，公私费耗甚多，皆当出于民，所易新吏又未必贤。凡治道，去其泰甚耳。”[①]

西魏时期的赵昶在处理民族关系的过程中，以“威怀以礼”为基本原则，在实践中获得很好的成效。当时，清水氐酋李鼠仁凭险作乱。赵昶主动请缨，前去劝降。赵昶来到李鼠仁营帐，晓之以理、动之以情、喻以祸福。当时，赵昶虽冒着很大风险，却赢得了李鼠仁的认可，李鼠仁遂率部投降。赵昶为什么能有勇气承接劝服李鼠仁的任务，又为什么能在风险重重之下取得成功呢？原因在于其成熟的“知”，在于其处理民族关系方面较为成熟的经验和认知，即不单靠武力征服，而要恩威并施，以怀为上。

只有知，还不够，还要在行中去检验，还要实现“事上练”的目标。《左传》中指出：“非知之实难，将在行之。”[②]知虽然难，但仍需要行，某种程度上讲，行更难也更重要，因为它关系到“知”在实践中的结果和成效。故王阳明认为：“未有知而不行者。知而不行，只是未知。”[③]只有认识，不在实践中检验，就不是真正的知。

清代学人汪辉祖长期在幕府工作，积累了宝贵的幕僚经验。故其撰文当中，有许多真知灼见。这些真知灼见是在实践中经受住经验的“知”，是真正

---

① 张仲裁译注：《廉吏传》，中华书局 2020 年版，第 48 页。

② 王守谦、金秀珍、王凤春译注：《左传全译》，贵州人民出版社 1990 年版，第 1204 页。

③（明）王阳明：《王阳明集》（全二册），中华书局 2016 年版，第 4 页。

的“知”。他在“息讼”中指出：“词讼之应审者，什无四五。其里邻口角、骨肉参商细故，不过一时竞气，冒昧启讼，否则有不肖之人，从中播弄。果能审理平情，明切譬晓，其人类能悔悟，皆可随时消释。”① 作为幕僚，给府衙之主出主意，解决各种问题，是其主要职责。面对百姓之讼，采取什么态度和方式，对于息讼至关重要。汪辉祖给出的建议，也就是他思想上的“知”，不仅富有指导作用，而且亦是在实践中经受检验后的科学认识，是真正的“知”。

2. 人文精神

（1）自强不息

自强不息是中华民族在历史长河中逐渐形成的一种精神品质，是中华民族生生不息、自立自强的生动说明。生活在蜀地的先民在成都创造了灿烂文明。面对城邑建设和洪水治理，选择迎难而上，为成都城市发展奠定了扎实的基础。战国时期，秦并巴蜀，以成都为中心进行城邑建设。“张仪、张若城成都，周回十二里，高七尺，造作下仓，上皆有屋，而置楼观、射圃。又营广府舍，置盐铁市官并长丞，皆与咸阳同制。”② 张仪、张若以咸阳为蓝本，修筑了大城、少城。成都有了基本轮廓，却时常遭受暴雨和洪水侵蚀。公元前 256 年，水利专家李冰继任蜀郡太守。他经实地考察，设计、主持修建了都江堰工程，不仅消除了当地洪涝灾害，为当地农业和手工业的发展提供了充足的水源，还打通了成都城内外水运交通的联系，确保了船运安全。“于蜀，蜀守冰（李冰）凿离碓，辟沫水之害，穿二江成都之中。此渠皆可行舟，有余则用溉浸，百姓飨其利。至于所过，往往引其水益用溉田畴之渠，以万亿计，然莫足数也。”③

---

① （清）汪辉祖：《汪辉祖集》（全三册）中册，浙江古籍出版社 2021 年版，第 334 页。

② （明）曹学佺：《蜀中广记》（全二册）上册，上海古籍出版社 2020 年版，第 15 页。

③ 安平秋：《二十四史全译：史记》（全二册）第一册，汉语大词典出版社 2004 年版，第 493 页。

隋唐时期，水灾给百姓带来严重的影响。大业三年（607 年），河南发大水，三十余郡受影响。大业七年（611 年），山东、河南等地受洪水侵蚀，百姓深受其害。开元三年（715 年），齐州发大水，河堤决溢，给百姓的生产生活带来巨大影响。开元十四年（726 年），黄河出现水患，人受其害，或以巢居，或以舟居。开元十六年（728 年），出现大雨，导致农业歉收，造成饥荒。统治者为了维护政权稳定，对所发生的水灾等自然灾害积极应对。隋朝救灾的机关设在尚书省，唐朝以后，放在户部，负责救灾物资管理和减免税赋政策制定。从防灾机构设置看，一般分为工程防灾和医疗防灾两大机构。工程防灾机构主要是兴修水利工程，医疗防灾机构主要是预防因水灾等灾害引起的疫病等灾情。为了防止地方瞒报灾情，朝廷一般会遣使去灾情现场进行勘察，了解受灾情况，制定救灾计划和确定赈灾额度；积极健全粮食仓储制度，为平抑物价、满足群众度过灾情的需求；及时疏导沟渠、加固河堤、兴修水利工程。开元三年（715 年），齐州发大水后，齐州刺史裴耀卿亲自上阵，修堤筑坝。唐代陕州刺史姜师度疏渠立堤，大益于民。

元明时期，注重发展航海交通业，彰显出国人自强不息的进取精神。元朝疆域十分辽阔，为满足经济社会发展需要，交通事业亟须再上一个新台阶。元朝以大都为中心，建立了覆盖全国的驿站，一直可通达到边疆地区。此举虽是为了加强统治，却在客观上强化了全国各地的联系，加强了各地的经济和文化交流。为了便于从南方调粮，运往北方，开辟了南北海运线。同时，在原有运河的基础上，元朝还畅通了南北大运河。“自此，海河、黄河、淮河、长江、钱塘江五大水系，互相贯通，从南方的杭州，经 3000 余里运河，船只可以直达大都城内的积水潭。这条贯通南北的大动脉的出现，对于加强我国南北方的经济、文化联系，有着非常重要的意义。”[①] 明朝郑和下西洋体现了奋发图强、海纳百川的自强精神。在明成祖的支持下，郑和率领船队去过 30 多个国家，不仅传播了中华文化，而且与所访国家进行友好贸易和往来。为了顺利完成航海目标，郑和组建了当时世界上规模最大的船队，第一次下西洋时共有 208 艘船。郑和船队善于利用季风气候，凭借先进的航海技术，张帆远驰。“郑和下西洋航程远，历时长，人数众多，船队船舶多，吨位大，组织周密，气势宏伟，影响深远。”[②] 在《天妃灵应之记》碑文中记载了郑和当时出航的真实情形：“观夫海洋，洪涛接天，巨浪如山；视诸夷域，迥隔于烟霞缥缈之间。而我之云帆高张，昼夜星驰，涉彼狂澜，若履通衢者，诚荷朝廷威福之致，尤赖天妃之神护佑之德也。”[③] 郑和船队克服重重困难，成功实现远航，体现出古代海洋文明中敢拼会赢的精神。郑和船队所造访过的国家，虽民风不同、宗教信仰不同、国情不同，但都积极与郑和船队进行贸易往来，反映出中国古代海洋文明中海纳百川的精神。从 1405 年，郑和首次出发远航开始算起，他比哥伦布于 1492 年到达美洲早了 87 年，比达・伽马于 1497 年到达印度卡利卡特早了 92 年，比麦哲伦于 1519 年环球航行早了 114 年。

清初河患严重，灾情频繁发生，直接影响广大百姓的收成和国家的税收，以及社会的稳定。康熙在即位之初，就将治河作为治国之本。康熙在治水方面因举措得当、用人得力，取得了显著成效。治水名臣靳辅在康熙支持下，在治水方面做出了成绩。靳辅亲临一线，察看水情，与田夫农人进行交流，掌握了治理黄河水患的第一手资料。靳辅系统梳理了古人治水的经验教训，提出了治理水患的原则和思路。靳辅亲力亲为，践行自己的治水思路，筑坝修堤，

① 陈高华：《兼收并用 莫不崇奉：陈高华说元朝》，生活・读书・新知三联书店 2018 年版，第 112 页。

② 周文林等：《郑和史诗》，云南美术出版社 2005 年版，第 8 页。

③ 周文林等：《郑和史诗》，云南美术出版社 2005 年版，第 12 页。

修复水利工程，经多年辛劳，终于功成。“黄、淮两河尽复故道，河务整顿一新”[①]。这为确保当时的农业生产、商船和民船正常开展业务创造了良好条件。“靳（靳辅）承河务最坏之后，连任十年，除去视事未久的杨家庄决口之外，徐家湾、萧家渡两处决后不久即塞，再没有出过甚么险工”[②]。

（2）以和为贵

古代社会，“和”的思想源远流长，且内涵丰富。

首先，“和”的思想体现在以和平的理念处理问题、解决纠纷上。《论语》中强调：“礼之用，和为贵。”[③] 儒家希望通过礼来完成对社会秩序的重新构建，在构建中突出强调“和”的精神理念。这种理念对历朝历代统治者与地方官员的治政行为产生了深远影响。汉初对南方少数民族采取了“和集”的政策。“汉十一年，遣陆贾因立佗为南越王，与剖符通使，和集百越，毋为南边患害，与长沙接境。”[④] 汉朝与南方少数民族地区加强联系，贸易往来较为频繁，百姓从中受益颇多。西魏时期的杨摽被委派去处理与稽胡的关系。当时稽胡多次抢劫偷盗百姓财物，杨摽没有选择非和平的方式去处理，而是采取慰抚的措施。“摽（杨摽）颇有权略，能得边情，诱化酋渠，多来款附，乃有随摽入朝者。”[⑤] 隋朝时期，对桂州地区的少数民族实施和抚政策，效果甚好。桂州不少地区的酋豪拥兵自重。隋文帝没有派兵征伐，而是委派汴州刺史令狐熙担任桂州总管，对该地各少数民族首领进行劝说安抚。“熙（令狐熙）至部，大弘恩信，其溪洞渠帅更相谓曰：‘前时总管皆以兵威相胁，今者乃以手教相谕，我

---

① 蒋兆成、王日根：《康熙传》，人民出版社 2010 年版，第 383 页。

② 岑仲勉：《黄河变迁史》，重庆出版社 2022 年版，第 597 页。

③ 杨伯峻译注：《论语译注》，中华书局 2012 年版，第 10 页。

④ 安平秋：《二十四史全译：史记》（全二册）第二册，汉语大词典出版社 2004 年版，第 1369 页。

⑤ 孙雍长：《二十四史全译：周书》（全一册），汉语大词典出版社 2004 年版，第 420 页。

辈其可违乎？’于是相率归附。”[①] 正是令狐熙实行了和抚政策，才促使当地少数民族归附了隋朝，当地实现了社会秩序的安定。

其次，“和”的思想体现在海纳百川的包容性上。古代社会，许多王朝往往能够实行较为开明的政策，以包容的气象对不同民俗民风地区进行统一治理，以包容的气象对待不同族群、民族首领和民众。西汉时期，司马相如向汉武帝提出建议，在西夷少数民族地区设立郡县，进行统一管理。汉武帝采纳了司马相如的建议，并且派他去西夷地区进行治理，凿山通道，加强中原与西南夷之间的政治经济文化联系。司马相如的建议体现了“和”的思想的包容性，强调统一的政策不仅适用于中原地区，也适用于少数民族地区，这对于加强中原和少数民族地区的联系具有重要作用。唐朝对少数民族首领予以无差别对待，突破华夷有别的传统界限，将归降的东突厥突利任命为顺州都督，回纥、党项等降唐者，均予以妥善安置。“唐王朝在边疆少数民族地区设置羁縻府、州、县，以当地民族酋领为官，授予都督、刺史、令官职，这是从政治上使边疆少数民族地区与王朝中央连成一体，维护了国家统一；民族酋领借助王朝的威望，也有利于其统治。唐王朝对边疆少数民族酋领册封可汗、王、公、将军等虚衔爵位，这是实事求是地承认了边疆少数民族酋领的政治地位，明确了君臣关系，从而确认了中央王朝对边疆少数民族的主权或宗主权。唐王朝给予边疆少数民族酋领种种优厚待遇，赐给锦袍金带、金帛银彩、食邑田宅；赐姓李，将民族酋领当作宗室看待；留宿卫，给以最大信任和荣誉。”[②]

最后，“和”的思想体现在矛盾对立统一上。在处理不同群体，包括族群、政权、国家之间关系的过程中，会有冲突、矛盾，甚至在一定范围内会有

---

① 孙雍长:《二十四史全译：隋书》（全二册）第二册，汉语大词典出版社 2004 年版，第 1238 页。

② 龚荫:《中国民族政策史》（全三册）中册，云南人民出版社 2014 年版，第 530 页。

斗争，但是最终目标是实现和谐相处、和睦相待。北朝的史宁，奉行“恩威并用”理念，在处理与不同民族关系的过程中，以“威”为手段，试图实现“惠”的目标。因他举措得当，故戎夷服其恩威，且思慕之。三国时期，蜀国刘备去世后，南中少数民族首领孟获等人趁机发动叛乱，试图进行地方割据，称霸一方。诸葛亮为了安定大后方秩序，面对南中大姓、夷帅的叛乱，采取了参军马谡的“和抚”之策，以之为对待孟获的基本方略。通过七擒七放，孟获最终心服口服。孟获从此不再反叛，成为诸葛亮北伐的坚定支持者。诸葛亮采取“和”的理念对待孟获，不是没有征伐，也不是没有冲突，而是在征伐和冲突中，以斗争争团结，以斗争争人心，最终赢得了孟获的真心归附，实现了和睦相处的目标。

（3）九州共贯

“九州共贯”出自《汉书·王吉传》：“《春秋》所以大一统者，六合同风，九州共贯也。”[①] 九州共贯强调了中国境内政令得以贯通，用来形容“大一统”局面下的一种安定的秩序。最早提出“大一统”这个概念的是《春秋公羊传》：“何言乎王正月？大一统也。”[②]“大一统”对中国历史发展产生了深刻影响。

秦始皇统一六国，实现了“大一统”的目标。为了巩固“大一统”局面，秦朝在政治方面实施三公九卿制及郡县制，经济方面统一度量衡，民生方面进行编户齐民，文化方面统一文字，交通方面修直道、驰道。当时有人就讲“海内为郡县，法令由一统，自上古以来未尝有”[③]，高度评价了秦朝“大一统”的历史贡献。

---

① 安平秋、张传玺：《二十四史全译：汉书》（全三册）第三册，汉语大词典出版社 2004 年版，第 1479 页。

② 梅桐生译注：《春秋公羊传全译》，贵州人民出版社 1998 年版，第 13 页。

③ 安平秋：《二十四史全译：史记》（全二册）第一册，汉语大词典出版社 2004 年版，第 75 页。

汉朝建立后，承秦制，继续巩固“大一统”局面。“汉兴，因秦制度，崇恩德，行简易，以抚海内。”[①] 具体而言，汉朝为了维护政权稳定，推行了切实巩固“大一统”的举措：“维护皇权至上，保障法令统一；调整税收以鼓励生育、促进生产；统一度量衡、货币和文字，并采用秦历。汉继续修建长城和道路等政府工程，以巩固基础设施，增强防御体系。”[②]

忽必烈建立了元朝，取《易经》中乾元之义。他以“天下一家”为追求目标，完成统一大业后，疆域空前辽阔。“故其地北逾阴山，西极流沙，东尽辽左，南越海表”[③]，同时，元朝学汉法行汉制，巩固“大一统”的成果。“元一区宇，以宽民力为第一义，凡前代无名之赋，一切蠲除；惟种田纳地税，买卖纳商税；鱼盐船货之征，随土所有。”[④] 在忽必烈的治理下，积极发展农业、手工业、商业，切实健全各级官制，不断完善交通网络，百姓很快过上了安定的生活。“最为重要的是，作为少数民族所建立的王朝，元朝不仅全面认同并承继了中原历代王朝的基业与治国理念，从而成为中国历史的重要部分之一，而且在疆域建设与行政体制方面有着巨大的创新与突破。”[⑤] 元朝不仅编写了《大元大一统志》，还使“大一统”的理念深入人心。明朝统一之后，形成了“大一统”局面。“明太祖奋起淮右，首定金陵，西克湖、湘，东兼吴、会。然后遣将北伐，并山东，收河南，进取幽、燕，分军四出，芟除秦、晋，讫于岭表。最后削平巴、蜀，收复滇南。禹迹所奄，尽入版图，近古以来，所未

① 安平秋、张传玺：《二十四史全译：汉书》（全三册）第二册，汉语大词典出版社 2004 年版，第 702 页。

② 孙志新：《秦汉文明：历史、艺术与物质文化》，社会科学文献出版社 2020 年版，第 8—9 页。

③ 李修生：《二十四史全译：元史》（全六册）第二册，汉语大词典出版社 2004 年版，第 1071 页。

④ 史卫民：《大一统：元至元十三年纪事》，上海人民出版社 2020 年版，第 239 页。

⑤ 安介生：《中国历史民族地理》（全二册）下册，齐鲁书社 2024 年版，第 565 页。

有也。”[①] 此举为社会安定秩序的建立奠定了基础，深化了“大一统”的成果。“皇明混一海宇，超三代而轶汉唐，际天极地，罔不臣妾。”[②] 清朝在推动统一多民族国家形成过程中也做出了很大努力。“清王朝在完成国家统一的同时，对黑龙江流域、蒙古地区、新疆、西藏、台湾和南海诸岛实施了有效的管辖与统治。”[③]

（4）天下为公

《礼记》中写道：“大道之行也，天下为公，选贤与能，讲信修睦。”[④] 这是儒家明确提出的政治目标。在“天下为公”的理念影响下，人们出于公心，选贤任能、讲究诚信、和平相处，富有利他精神和公共情怀。这是儒家对“礼崩乐坏”的时代反思，更是对“先贤治理”时代的追忆和怀念。天下为公的理念深刻影响了后世统治者的执政方略。

唐太宗主政期间，克己纳谏、重用贤良、发展生产、改善民生，协和族群关系，出现了政治稳定、经济发展、社会安定、百姓安居乐业的局面，史称“贞观之治”。唐朝为之后历史发展提供了“天下为公”样板，成为人们追忆的王朝之一。宋太祖开创的宋朝，也具有纳谏受谏的气象。“宋太祖立下秘密誓约，证明这个开国皇帝确有政治远见，其誓约不仅是保证言路畅通和监察权实施的重大措施，也体现了专制时代难能可贵的宽容政治和政治文明的重大进步。与其他朝代相比，宋朝强调优礼士大夫，台谏官的谏诤和纠劾条件在不少

---

① 章培恒、喻遂生:《二十四史全译：明史》（全十册）第二册，汉语大词典出版社 2004 年版，第 635 页。

② 周文林等:《郑和史诗》，云南美术出版社 2005 年版，第 12 页。

③ 王思治:《清史述论》（全二册）上册，故宫出版社 2016 年版，第 300 页。

④ 王文锦译解:《礼记译解》，中华书局 2016 年版，第 258 页。

场合下是比较宽松的，他们受到宋太祖誓约的保护。”[①] 宋朝优待士大夫，重视科技、教育、文化事业，成为我国历史上公认的舒适度很高的王朝。

明太祖朱元璋下诏强调任贤之紧迫之思想：“朕欲洗心涤虑，与贤者志同，永安寰宇。”[②] 朱元璋之所以对人才重要性有如此深刻的认识，源于其对人才价值的深度洞察。正如朱元璋在《命方常职御史敕》中所强调的：“朕闻昔人怀才满腹，抱道衷盈，一时志不能伸，致是窘于衣食，困于羁旅。一遇君者用之，谒忠报效，务公无私，终世不忘其恩，特致君称仁于海内，固为贤者矣。”[③] 朱元璋能够看到任用贤良对国家发展的重要作用。朱元璋打击豪强、除贪倡廉，对外也能采取怀柔诚信之策，使远人信服，实现了“民安物阜，万邦来庭”[④] 的目标。

3. 道德规范

（1）守德尊德

尧舜禹时代推行禅让制，禅让很重要的标准就是这个人的道德要高尚。尧在位时，因具德行，善亲百姓，不仅得到百姓认可和支持，而且还使不同族群、部落之间实现了和睦相处的目标。《史记》中对尧的记载旨在强调其高尚的道德在社会治理中所发挥的重要作用：“其仁如天，其知如神。就之如日，望之如云。富而不骄，贵而不舒。黄收纯衣，彤车乘白马，能明驯德，以亲九

① 王曾瑜：《并存继逝的王朝：王曾瑜说辽宋夏金》，生活·读书·新知三联书店2018年版，第57页。

② （明）朱元璋：《明太祖集》，黄山书社2014年版，第129页。

③ （明）朱元璋：《明太祖集》，黄山书社2014年版，第131页。

④ （明）朱元璋：《明太祖集》，黄山书社2014年版，第28页。

族；九族既睦，便章百姓；百姓章明，合和万国。”①当尧询问谁可以继承他的王位时，放齐、讙兜等人提出了建议人选，都被尧以德行不够加以拒绝。经过众人推荐，尧最终选择了德行过人的舜，以禅让的方式，将王位传给舜。舜善于用人，做到人尽其才，实现天下大治。“天下明德皆自虞帝始。”②当时，洪水泛滥，治水有功的禹得到舜的赏识。“唯禹之功为大，披九山，通九泽，决九河，定九州，各以其职来贡，不失厥宜。”③于是，舜将天下禅让给了禹。“随着禅让思想的不断蔓延，大禹成了继尧、舜之后的新一任有德君王。”④禹继承了舜的德政，后人对禹评价甚高：“美哉禹功，明德远矣。微禹，吾其鱼乎！”⑤

唐太宗能够认识到百姓在政权兴亡中的重要作用，故能清醒地认识到实施德政的重要意义：“为君之道，必须先存百姓。”⑥为什么要“先存百姓”，原因在于百姓如水，君主如舟，水能载舟、亦能覆舟。经历过隋末战乱的唐太宗，目睹人口减少、社会欠发达局面，故通过实施任用贤良、善于纳谏、精简机构、释放宫女等政策，实现了“贞观之治”。《资治通鉴》记载了贞观四年（630年）的一段史料：“元年，关中饥，米斗直绢一匹。二年，天下蝗。三年，大水。上勤而抚之，民虽东西就食，未尝嗟怨。是岁，天下大稔，流散者咸归

---

① 安平秋：《二十四史全译：史记》（全二册）第一册，汉语大词典出版社2004年版，第3页。

② 安平秋：《二十四史全译：史记》（全二册）第一册，汉语大词典出版社2004年版，第10页。

③ 安平秋：《二十四史全译：史记》（全二册）第一册，汉语大词典出版社2004年版，第10页。

④ ［日］渡边英幸：《古代中华观念的形成》，吴昊阳译，江苏人民出版社2024年版，第256页。

⑤ 王守谦、金秀珍、王凤春译注：《左传全译》，贵州人民出版社1990年版，第1094页。

⑥ 骈宇骞译注：《贞观政要》，中华书局2011年版，第1页。

乡里，米斗不过三四钱，终岁断死刑才二十九人。东至于海，南极五岭，皆外户不闭，行旅不赍粮，取给于道路焉。”[①]

宋朝统治者有的实行德政，尤其重视农业生产，鼓励种植。宋太宗亲耕农田，下诏曰：“朕志在勤农，恨不得终于千亩，岂止以三推为限哉？”[②]宋仁宗曰：“朕将耕之终亩，以劝天下之力农。”[③]宋英宗看到自然灾害频繁发生带给农业生产的巨大危害：“而比年以来，水潦为沴，乃八月庚寅大雨，京师室庐垫伤，被溺者众，大田志稼，害于有秋。”[④]看到如此局面，宋英宗下诏探明民情，解百姓赋徭之苦。宋神宗遣使 8 人，“相度农田、水利、税赋、科率、徭役利害”[⑤]。

元代儒者柳贯认为，道德是维系王朝包括元朝接续发展的重要法宝：“窃惟帝王之兴，实由祖功宗德积累所致，故制为庙祀，以极崇报之礼。”[⑥]明初统治者实行休养生息政策，奉行德政仁政，到弘治年间，出现了“弘治中兴”。《风士论》中写道：“国家厚泽深仁，重熙累洽，至于弘治，盖綦隆矣。于时家给人足，居则有室，佃则有田，薪则有山，艺则有圃。催科不扰，盗贼不生，婚媾依时，闾阎安堵。妇人纺绩，男子桑蓬，臧获服劳，比邻敦睦。诚哉！一时之三代也。”[⑦]

---

① （宋）司马光：《资治通鉴》（全十八册）第十二册，中华书局 2019 年版，第 8042 页。

② （宋）王稱：《东都事略笺证》（全三册）上册，上海古籍出版社 2023 年版，第 34 页。

③ （宋）王稱：《东都事略笺证》（全三册）上册，上海古籍出版社 2023 年版，第 71 页。

④ （宋）王稱：《东都事略笺证》（全三册）上册，上海古籍出版社 2023 年版，第 100 页。

⑤ （宋）王稱：《东都事略笺证》（全三册）上册，上海古籍出版社 2023 年版，第 106 页。

⑥ （元）柳贯：《柳贯集》（全二册）上册，浙江古籍出版社 2014 年版，第 193 页。

⑦ （清）顾炎武：《顾炎武全集》（全二十二册）第十三册，上海古籍出版社 2011 年版，第 1025 页。

（2）重义轻利

儒家对义利之间的关系有着深刻系统的阐释和分析，对国人的价值观产生了深远的影响。儒家认为，“义”是个体立身处世的根本，也是国与国之间处理关系的基本原则之一。孔子曰：“君子义以为上，君子有勇而无义为乱，小人有勇而无义为盗。”[①] 衡量君子的重要标准就是坚持“义”以为上，如果没有“义”，仅有勇，君子就会作乱，小人就会为盗。“义一旦被赋予内在价值，便同时成为评判行为的主要准则。”[②]

春秋时期，晋国史官董狐坚持原则，不畏强权，为了心中的“义”，秉笔直书。因董狐践行“义”的理念，被孔子称为“古之良史”。战国时期，荆轲的好友高渐离为了替荆轲复仇，践行“义”念，亲近秦始皇，虽报仇不得，却有义士之举。

西汉的董仲舒对义利关系有自己的独特理解：“夫人有义者，虽贫能自乐也；而大无义者，虽富莫能自存。”[③] 董仲舒延续了儒家重视“义”的传统，向社会传递“义”的重要价值。

东汉时期的邓训，出身名门，自幼受到良好的家庭教育。他在担任护羌校尉后，实施“以德怀之”的政策，正确处理了与小月氏胡、羌族等少数民族之间的关系，感化了小月氏胡、羌族等少数民族，消除了敌意、确保了边境安宁。邓训去世时，许多小月氏胡、羌族等少数民族民众自发地抒发哀悼之意。邓训能够化解纠纷、赢得尊重，在于其没有以强大的汉朝军队为保障进行武力征伐，而是从维护少数民族利益的角度去分析和对待事情，做到了“义”，赢得了口碑。

---

① 杨伯峻译注：《论语译注》，中华书局 2012 年版，第 264 页。

② 张岱年、方克立：《中国文化概论》，北京师范大学出版社 2004 年版，第 317 页。

③ 王永祥：《董仲舒评传》，人民出版社 2023 年版，第 243 页。

明太祖朱元璋在处理与周边国家的关系中，能以“义”为准则，贯彻到对外政策实施当中。朱元璋在《谕高丽国王诏》中指出：“然朕观上古之君，自甸侯绥服之外，不治其令，土人主之。大概圣人之心，体天道以行仁，惟欲民安耳，未尝夸侈，所以不宝远物，不劳夷民。圣人之心弘哉！”[①]朱元璋强调以“行仁”之心待邻国，不以大欺小甚至发动战争。

明朝著名史学家张岱对“义”的历史感受颇深，他基于自身遭际和历史传承的使命感，撰写了《古今义烈传》，记录了从商周到明朝崇祯末年历史上产生重大影响或值得传世的义烈人物的英雄事迹。他在书中的态度及所写内容，反映了国人追求正义的价值取向，揭示了中华民族生生不息的“精神密码”。

当然，儒家对利亦不忽视。孔子曰：“富而可求也，虽执鞭之士，吾亦为之。”[②]孔子对合理合法追求财富予以肯定，并且表达了向往之情。孔子的弟子子贡，擅长经商，积累了大量财富，又能在孔子学说教导下遵守“礼”的秩序。春秋时期，各国依据各自优势，发展商业，均有所成。齐国依其地理，发展渔业、盐业，实力大增。晋国发展马业和盐业，有大成。“晋文公之得国，轻关易道，通商宽农，省用足财，利器明德。”[③]郑国十分重视商业发展。“郑简公、定公之时，子产执政，市不豫贾，门不夜关，史称其治。”[④]

如果义和利发生冲突，要通过以义制利、取义舍利来解决冲突。春秋时期，晋国通过发展商业，壮大实力，为其实现霸业目标奠定了基础。晋国虽重视商业，但将其控制在一定范围之内，尤其通过节俭精神的倡导，来约束商业带来的财富危害。“晋之地利，既不下于齐国，其民又多俭啬之风，忧深思远，

---

① （明）朱元璋：《明太祖集》，黄山书社 2014 年版，第 23—24 页。

② 杨伯峻译注：《论语译注》，中华书局 2012 年版，第 97 页。

③ 柳诒徵：《柳诒徵文集：全 12 卷》第二卷，商务印书馆 2018 年版，第 21 页。

④ 柳诒徵：《柳诒徵文集：全 12 卷》第二卷，商务印书馆 2018 年版，第 23 页。

不事娱乐，故于商业之性质为宜。”①

（3）廉洁奉公

古代廉政文化源远流长，是一座丰富的宝库。统治者往往能够汲取前朝兴亡经验，从巩固政权、稳定政权的角度，提出廉政观点和举措。衡量王朝稳固程度，很重要的标志就是其廉洁程度。如果能够做到较为廉洁，王朝发展就会有活力；如果做不到廉洁，甚至败坏社会风气，就会失去民心，甚至出现王朝更迭。

春秋时期，诸侯国出现了一些较为清廉的官员。宋国担任司城一职的乐喜，在面对送玉行为时，回应道：“我以不贪为宝，尔以玉为宝，若以与我，皆丧宝也，不若人有其宝。”② 鲁国宰相公仪休为官清廉，其拒鱼之事被人所称赞。有人询问其拒绝客送其鱼的原因，他回答道：“以嗜鱼，故不受也。今为相，能自给鱼，今受鱼而免，谁复给我鱼者？吾故不受也。”③

汉朝的循吏廉官比较多，如尹翁归、朱邑、第五伦、刘宠等。“翁归（尹翁归）为政，虽任刑，其在公卿之间，清洁自守，语不及私。”④ 无论是担任啬夫，还是担任北海太守，朱邑都能做到居处俭节，廉平不苛，故有廉名。第五伦担任蜀郡太守期间，禁绝贿赂之风，改善了当地政治生态。刘宠在担任会稽太守期间，简化政令，廉洁自持，受到当地百姓尊敬。他离开会稽时，当地百姓赠他一百钱，被他拒绝。在百姓盛情劝说之下，他象征性地拿了一钱，以表谢意。刘宠由此被誉为“一钱太守”。

唐太宗注重廉政文化对官员的影响，经常做官员思想工作：“人有明珠，莫不贵重，若以弹雀，岂非可惜？况人之性命甚于明珠，见金钱财帛不惧刑

---

① 柳诒徵：《柳诒徵文集：全12卷》第二卷，商务印书馆2018年版，第21页。

② 张仲裁译注：《廉吏传》，中华书局2020年版，第24页。

③ 张仲裁译注：《廉吏传》，中华书局2020年版，第31页。

④ 张仲裁译注：《廉吏传》，中华书局2020年版，第42页。

网，径即受纳，乃是不惜性命。明珠是身外之物，尚不可弹雀，何况性命之重，乃以博财物耶？”[①] 武则天十分注重廉政建设。她在《臣轨》中深刻地指出：“理官莫如平，临财莫如廉。廉平之德，吏之宝也。”[②]

北朝出现了许多廉官，他们不仅享有很高的声誉，还能很好地处理不同族群之间的关系。“西魏北周时期的一些封疆大吏大多数都能洁身自好，把清廉作为处理好民族关系的法宝，以清廉和公正赢得人心，得到少数民族官员和百姓的信任和爱戴，使当地民族关系始终处于和谐状态。”[③] 北朝的泉仲遵，虽生于巴夷，却深受儒家思想熏陶，在地方为官期间，以清白见称，百姓安之，流民归之。西魏时期，担任瓜州刺史的韦瑱，有清俭之风，杜绝贿赂，一无所受，蕃夷敬之，不敢为寇。

明代的朱元璋惩戒贪腐力度极大，成效明显。正如他自己所言：“统一以来，除奸贪，去豪强，用心多矣。”[④] 即使是皇亲贵族，如果触犯了国法，一样会受到严惩。当时，永嘉侯朱亮祖出镇广东，贪赃枉法，被朱元璋依法处死。另外，朱元璋用重典来惩贪。他组织人员编写《大诰》《大诰续编》《大诰三编》等，通过完善机制和法律，对贪腐人员进行治理和惩戒，取得了良好的成效。

清代康熙对廉政文化有深刻的见解，主政期间，涌现出不少廉官。他告诫地方官以清廉为要：“第督、抚为一省大吏，惟以奉公秉法，洁己爱民为要。”[⑤] 在康熙王朝，于成龙、张鹏翮、汤斌、张伯行等清官循吏得到重用、奖励、表

---

① 骈宇骞译注：《贞观政要》，中华书局 2011 年版，第 462 页。

② 王双怀、梁克敏、董海鹏译注：《帝范 臣轨 庭训格言》，中华书局 2021 年版，第 130 页。

③ 崔明德：《南北朝民族关系思想研究》，人民出版社 2023 年版，第 149 页。

④（明）薛应旂：《宪章录校注》，凤凰出版社 2014 年版，第 130 页。

⑤ 徐尚定标点：《康熙起居注：标点全本》（全八册）第二册，东方出版社 2014 年版，第 473 页。

彰，清官力量得到加强，在社会中形成了广泛影响。康熙对于成龙十分欣赏，不仅推崇和重用他，还给予他很高的评价。于成龙去世后，康熙曾这样讲道："朕亲历江南采访，已故督臣于成龙居官廉介，洁己奉公，自间巷细民及各省之人，无不望风推服。此等清操，从古以来实罕其比，当为廉官第一。其应得恤典，已照例给与，应格外作何褒奖优恤，以副朕轸念劳臣、表厉廉洁至意。"①

（4）家国情怀

古代社会，家和国是紧密联系在一起的。家是国的基础，国是家的放大。"家是国的基础，家族的秩序和原则，放大了，就是国家的秩序和原则。"②家中要讲孝、慈，这套原则推广到国家层面，那就是忠、仁，所以家和国是一致的。在此基础上产生了家国同构、家国一体，家国情怀的理念随之诞生。"中国文化中的家文化的突出特点在于指向国家、天下。家是微缩的政治关系，国和天下是扩大的家庭规模。中华文化强调以家庭逻辑拟构国家、天下，以家庭原理理解天下国家。"③

孟子言："人有恒言，皆曰：'天下国家。'天下之本在国，国之本在家，家之本在身。"④儒家强调修身的重要性，不仅在于其对个体价值的影响，还能将其上升到国家治理的层面，发挥更大的作用。"儒家对于从个体修身出发，敦睦亲属，到治国平天下的一致性存在着一种类似信仰式的坚持。"⑤

---

① 徐尚定标点：《康熙起居注：标点全本》（全八册）第三册，东方出版社 2014 年版，第 122 页。

② 葛兆光：《古代中国文化讲义：重订增补本》，商务印书馆 2022 年版，第 91 页。

③ 胡海忠：《生生不已：中华文明突出的连续性》，浙江古籍出版社 2024 年版，第 19 页。

④ 刘兆伟：《孟子译评》，中华书局 2011 年版，第 184 页。

⑤ 干春松：《公天下与家天下：大同、小康与儒家的社会理想》，四川人民出版社 2022 年版，第 37 页。

唐代的李恕在《戒子拾遗》中教导家中晚辈如何为官，讲过一段深刻的话："居九品之中，处百僚之下，清勤自勖，平真无亏，事长官以忠诚，接僚友以谦敬，言思乃出，行思乃动，勿辄有毁誉，勿轻论得失。"[①] 无论是"清勤"，还是"平真"，或是"忠诚"和"谦敬"，既是个人自修之德的体现，也是为官治国重要原则的体现。

家国情怀较为集中地体现在国家存亡之际，能够以捐躯赴国难的精神彰显忠诚本色。元人陈高在《忠敬堂记》中指出："传称臣事君以忠，又言为人臣止于敬。"[②] 当国家有难，需要忠义之士挺身而出。元朝官员贾嵩，出身世家，知礼好学，遭逢国难时，能舍家为国，践行忠义之念。"自汝颍扇孽，海内用兵，侯（加嵩）散赀鸠义旅保乡举。至正戊戌，从军来温，每有征伐，未尝不在行。踣楠溪，守安固，入横阳，皆躬擐甲胄，率先士卒，卒以成功。"[③] 有异谋者，试图鼓动贾嵩造反，被贾嵩拒绝："吾惟知忠于国者是与。"[④] 故贾嵩以"忠敬堂"命其居名，可谓名实相符。

明末清初的夏完淳，出身名门，少时受到良好的家庭教育。在清军入主中原的大背景下，他以不屈从的态度，对清军进行了顽强的抵抗，最后被捕殉难。他留下了大量的诗歌，闪耀着对明朝的忠诚之光。他在《自叹》中写道："功名不可诚，忠义敢自废！"[⑤] 他在《怀李舒章（六首）》中写道："丈夫明大节，敦信义岂渝！"[⑥] 他在《由丹阳入京》中写道："从军未遂平生志，遗恨千

① 楼含松:《中国历代家训集成》(全十二册）第一册，浙江古籍出版社 2017 年版，第 89 页。

② （元）陈高:《陈高集》，浙江古籍出版社 2014 年版，第 176 页。

③ （元）陈高:《陈高集》，浙江古籍出版社 2014 年版，第 176 页。

④ （元）陈高:《陈高集》，浙江古籍出版社 2014 年版，第 176 页。

⑤ （明）夏完淳:《夏完淳集笺校》(全二册）上册，上海古籍出版社 2016 年版，第 173 页。

⑥ （明）夏完淳:《夏完淳集笺校》(全二册）上册，上海古籍出版社 2016 年版，第 194 页。

秋愧请缨。”①

中华民族在长期的历史长河中所形成、认同的中华优秀传统文化，尤其是中华优秀传统文化中所蕴含的思想观念、人文精神、道德规范，成为当代中国增进文化认同、坚定文化自信的重要力量，为牢固树立休戚与共、荣辱与共、生死与共、命运与共的共同体理念和推进铸牢中华民族共同体建设奠定了坚实的文化基础，为实现中华民族伟大复兴提供了强大的精神支撑。

① （明）夏完淳：《夏完淳集笺校》（全二册）上册，上海古籍出版社 2016 年版，第 408 页。

中华优秀传统文化中“大一统”思想的历史演进

“大一统”思想是中华优秀传统文化的重要内容之一，深刻影响着历史发展进程。习近平总书记指出：“中华民族自古以来就秉持‘六合同风，九州共贯’、‘天下大同’的理念，把大一统看作是‘天地之常经，古今之通义’。”“大一统”不仅是重要的思想理念，还是一种生动的历史实践。“中华民族共同体在数千年的历史演进中不断发展壮大，根源就在于对大一统理念的推崇和实践。”[①] 梳理“大一统”思想发展脉络，从历史演进当中，找寻其影响痕迹、实践内容、重要价值，对于我们凝聚共识、涵养统一的多民族国家的思想基础，具有重要的历史意义和现实意义。

华夏族人文始祖黄帝，因其结束纷争、稳定秩序、发展生产、建立制度、善于用人、勤于自修，一个安宁有序的局面出现了。从黄帝到尧舜禹，治理特征逐渐明晰，安宁有序的局面持续巩固。“尧舜禹所处的时代号称清明‘治世’的黄金时代，他们是儒家着重歌颂的上代圣人，成为以后历朝历代实现‘天下大治’的永远的楷模。一个政治传统与样板树立起来了，长久地影响着民众对于国家治理的评价和中国政治的走向。”[②] 紧接着，夏商西周，文明程度越来越高，制度化治理程度越来越高，除了疆域上拓展之外，礼乐文化对民众的浸

---

① 本书编写组编：《中华民族共同体概论》，高等教育出版社 2023 年版，第 12 页。

② 韩昇：《从封建到大一统：〈史记〉中的历史中国》，生活·读书·新知三联书店 2023 年版，第 47 页。

润、影响也越来越深。在中国这样一个有着悠久文明历史的国家，“大一统”的土壤是深厚的。“大一统”理念于春秋时期提出，已经成为必然。

《春秋公羊传》中写道：“何言乎王正月？大一统也。”① 这是文献中最早提到的“大一统”。真正的“大一统”不仅在于国家完成统一，更在于国家内部政令畅通。故何秀在《公羊解诂》中“大一统也”下面这样阐释道：“统者始也，摠系之辞，夫王者始受命改制，布政施教于天下，自公侯至于庶人，自山川至于草木昆虫莫不一一系于正月，故云政教之始。”② 春秋战国时期，各国混战，民受其殃，诸子争相表达观点、提出主张，其中最能够达成共识的就在于希望结束纷争、实现“一统”。

秦朝的“大一统”

秦始皇以强大的军事力量，结束了七国争雄的局面，建立了历史上第一个“大一统”的中央集权王朝——秦王朝，让“大一统”由理念变成了现实。秦始皇所开创的“大一统”政治局面，受到李斯等人的高度称赞：“今陛下兴义兵，诛残贼，平定天下，海内为郡县，法令由一统，自上古以来未尝有，五帝所不及。”③ 秦朝国土空前辽阔广袤。“地东至海暨朝鲜，西至临洮、羌中，南至北向户，北据河为塞，并阴山至辽东。”④ 为了更好地管理这么大一个国家，秦始皇出台了许多举措，有效巩固了得之不易的“大一统”局面。“‘大一统’

① 梅桐生译注：《春秋公羊传全译》，贵州人民出版社 1998 年版，第 13 页。

② 杨向奎：《大一统与儒家思想》，北京出版社 2016 年版，第 71 页。

③ 安平秋：《二十四史全译：史记》（全二册）第一册，汉语大词典出版社 2004 年版，第 75 页。

④ 安平秋：《二十四史全译：史记》（全二册）第一册，汉语大词典出版社 2004 年版，第 76 页。

的理论及其实践体现在秦王朝的政治制度上。”[①]秦朝十分重视制度建设，在朝廷，推行三公九卿制；在地方，推行郡县制。所谓“三公”，是指丞相、太尉、御史大夫，丞相掌政事，太尉掌军事，御史大夫掌监察。所谓“九卿”，负责具体政务，其中“九”也不局限于“九”。为了管理广袤疆域，秦朝在全国各地设郡，初有36郡，后又增加多郡，郡下面设县，少数民族地区则设“道”。县以下有乡，乡下有里，里是最基层的行政单位。健全的郡县制，便于治理天下，助力政权稳固、百姓安宁。正如琅邪台铭文中所强调的：“今皇帝并一海内，以为郡县，天下和平。”[②]郡县制的推行，对中国历史产生了深远影响。“郡县制历朝各有调整，但朝廷直接统辖地方的基本要义一以贯之，通行于秦汉到明清，以至近现代。”[③]

为了巩固“大一统”局面，秦始皇统一度量衡、货币和文字。湖南出土的里耶秦简，内容十分丰富，其中所记载的内容，为我们了解秦朝的政治、经济和文化等提供了第一手资料。“此外，里耶秦简8—109+8—386还反映了秦地方机构是如何具体开展衡制统一，即由官府传送度量衡标准器，逐县厘定，简牍内容为我们更加全面了解秦朝推行度量衡制统一提供了重要的新资料。”[④]从里耶秦简对统一度量衡政策执行的真实记录来看，不仅印证了该政策的真实存在，更可以看到秦朝政令如何在基层官府高效运转，进而调动基层民众参与，积极推进度量衡改革事宜，最终福泽百姓。“秦代官方文件用小篆书写，非官方文件用隶书抄录。小篆、隶书成为通用文字，打破了差异极大的方言及列国

① 张岂之:《中国历史十五讲：典藏版》，北京大学出版社2020年版，第42页。

② 安平秋:《二十四史全译：史记》（全二册）第一册，汉语大词典出版社2004年版，第78页。

③ 冯天瑜:《周制与秦制》，商务印书馆2024年版，第303页。

④ 王子今:《秦史与秦文化论集》，中国社会科学出版社2020年版，第50页。

异文造成的语文隔阂，有利于政令颁行、文化传播。”[①]统一文字，意义尤其重大。统一文字，畅通了“大一统”格局下各地区之间的各种往来和联系。“这就为政令下达、民情上达、区域间的文化、商贸交流扫清了障碍。”[②]当然，统一文字的过程是一个长期过程，秦朝出台统一文字的政策，为后来汉朝完成统一文字大业奠定了基础。“秦统一文字，是中国文字演变史上的一次大转折。不过，所谓‘书同文’，并不是一个简单的只靠行政命令就可以在短时期内全面实现的过程。文字的变革，因秦王朝短促而亡，并没有能够真正完成。‘书同文’的事业在汉初继续进行，实际上到汉武帝时代才可以说逐步走向定型了。”[③]汉朝继承了秦朝在统一文字方面的政策，在辽阔的疆域中，用一种文字来交流、沟通，真正让“统一”做到了“统合”。“你看我们现在出土的好多汉代的文字资料，遍布汉帝国各地，北边到河北（定县八角廊），西边到敦煌（敦煌悬泉置），南边到湖南郴州（苏仙桥，汉代桂阳郡），东边到连云港（尹湾）。而且各种类型的文献，都用一种文字，无论是写在帛书上的，比如，南方长沙的马王堆汉墓出土的，还是写在竹简上的，像远在居延出土的汉简；无论抄写的是经典（像河北定县出土的《论语》、长沙马王堆的《周易》和《老子》），还是抄写的实用医书（像湖北张家山的《引书》和《脉书》），特别是各种公私机构文书与信函，都用的是汉字，这些汉字就把整个帝国连成了一个世界。”[④]

秦朝十分重视交通建设。“自始皇一统，迄于沙丘崩殂，虽年仅一纪，而其整齐制度，恢廓疆宇，实迈越前古，抗衡近世，其在交通亦颇著巨绩。”[⑤]秦

① 冯天瑜：《周制与秦制》，商务印书馆 2024 年版，第 267 页。

② 王子今：《秦统一的进程与意义》，中国社会科学出版社 2017 年版，第 295 页。

③ 王子今：《东方帝国的营造：秦汉王朝政治史》，陕西人民出版社 2024 年版，第 72 页。

④ 葛兆光：《古代中国文化讲义：重订增补本》，商务印书馆 2022 年版，第 36—37 页。

⑤ 钱树棠：《秦汉三国之交通建设》，中国大百科全书出版社 2018 年版，第 5 页。

始皇不仅出台了“车同轨”的政策，而且筑桥修道，不断优化交通布局，取得了巨大成就，为“大一统”局面的形成作出了贡献。秦朝所修直道，是由距咸阳不远的云阳县甘泉山一直向北通到阴山脚下的九原郡；所修驰道，是以咸阳为中心，通向全国各个重要地区，尤其是过去六国的国都。秦直道的修建，需要克服许多困难。“修筑这条道路并不是一宗容易的事情。陕北黄土高原和河套地区，有高耸的山岭，也有深邃的峡谷，有广袤无垠的草原，也有寸草不生的沙漠。当时的人们为了使边疆永告安谧，不辞千辛万苦，掘断山梁，填平深谷，使这条道路能以最短的途径联系着国都咸阳和边防重镇的九原。它显示了我国劳动人民的勤劳和智慧。”① 秦朝所修直道，虽然最初是为了及时有效防御匈奴南下、着眼于国防安全而设计修建，但也在客观上起到了加强中原地区与阴山地区经贸、物资、人员往来的作用。秦朝所修驰道，规模巨大。汉代贾山在《至言》中写道：“为驰道于天下，东穷燕齐，南极吴楚，江湖之上，濒海之观毕至。道广五十步，三丈而树，厚筑其外，隐以金椎，树以青松。”② 秦朝驰道规模巨制，凝结了劳动人民的心血和智慧。“是驰道计划之周密，施工之艰巨，较其同时建筑之长城或犹过之。”③

秦朝各种有力的举措，巩固了“大一统”局面，使得社会稳定、经济发展、百姓安居乐业的目标得以实现。“他（秦始皇）建立的中央集权政府，不仅掌管法律与秩序还负责公共工程的建设；基础性公共服务和铸币权皆由官府垄断；中央政府主张维护平民的权利，并反对商人拥有与之相同的权利。”④ 秦朝在制度设计、政策制定等诸多方面，对于促进统一的多民族国家形成，有着极为深

① 史念海：《史念海全集》（全七卷）第七卷，人民出版社 2013 年版，第 877 页。
② 安平秋、张传玺：《二十四史全译：汉书》（全三册）第二册，汉语大词典出版社 2004 年版，第 1101—1102 页。
③ 史念海：《史念海全集》（全七卷）第四卷，人民出版社 2013 年版，第 369 页。
④ ［美］富路德：《中华民族简史》，吴原元译，西北大学出版社 2017 年版，第 39 页。

远的影响。“秦在‘六王毕，四海一’的过程中，先后实现‘车同轨，书同文，行同伦’，大体终结‘田畴异亩，车涂异轨，律令异法，衣冠异制，言语异声，文字异形’的割裂格局，从国家制度层面奠定了统一民族国家的物质—精神基础。”[①]

汉朝的“大一统”

汉朝建立后，继承了秦朝的制度，继续巩固了“大一统”的局面。“秦并天下，建皇帝之号，立百官之职。汉因循而不革，明简易，随时宜也。”[②]汉朝继承秦制而因时应时损益，不断调整和充实制度内容，以期更好地发挥其作用。“汉兴，因秦制度，崇恩德，行简易，以抚海内。”[③]这里强调的“因秦制度”主要体现在汉朝在朝廷制度和地方机构设置，以及经济、法律、文化等政策出台方面继承了秦朝的一整套制度。“中央机构，即朝廷，由三公九卿组成；地方行政基本上行郡县制度。主事人员都用官僚。其经济、法律、文化等制度和政策亦沿用秦制。所以史称这一情况为‘汉承秦制’。”[④]

经历秦末战乱，百姓逃离，城邑毁坏，人心更加思安盼宁。“汉兴，接秦之弊，诸侯并起，民失作业，而大饥馑。”[⑤]“天下既定，民亡盖臧，自天子不

---

① 冯天瑜:《周制与秦制》，商务印书馆 2024 年版，第 268 页。

② 安平秋、张传玺:《二十四史全译：汉书》（全三册）第一册，汉语大词典出版社 2004 年版，第 312 页。

③ 安平秋、张传玺:《二十四史全译：汉书》（全三册）第二册，汉语大词典出版社 2004 年版，第 702 页。

④ 张传玺:《简明中国古代史（第五版）》，北京大学出版社 2013 年版，第 109 页。

⑤ 安平秋、张传玺:《二十四史全译：汉书》（全三册）第一册，汉语大词典出版社 2004 年版，第 489 页。

能具醇驷，而将相或乘牛车。”[1]汉初破败的景象，让朝廷和百姓面临艰难困苦的局面。幸运的是，汉朝经刘邦初创，文帝、景帝努力奉行休养生息政策，出现了“文景之治”，“大一统”局面逐渐稳固下来。“至今上即位数岁，汉兴七十余年之间，国家无事，非遇水旱之灾，民则人给家足，都鄙廪庾皆满，而府库余货财。京师之钱累巨万，贯朽而不可校。太仓之粟陈陈相因，充溢露积于外，至腐败不可食。众庶街巷有马，阡陌之间成群，而乘字牝者傧而不得聚会。守闾阎者食粱肉，为吏者长子孙，居官者以为姓号。”[2]

汉武帝时期，经济社会持续发展，国家实力大幅提升，但也面临诸多挑战。为了巩固政权，更好地应对挑战，汉武帝从思想上采纳大儒董仲舒之言，“罢黜百家，独尊儒术”以儒家学说作为治理国家的根本政策。儒家所倡导的“大一统”思想成为国家建设的遵循。汉武帝下诏大举贤良文学之士。大儒董仲舒以贤良身份为汉武帝分析局势，提出治国策略：“《春秋》大一统者，天地之常经，古今之通谊也。今师异道，人异论，百家殊方，指意不同，是以上亡以持一统；法制数变，下不知所守。臣愚以为诸不在六艺之科孔子之术者，皆绝其道，勿使并进。邪辟之说灭息，然后统纪可一而法度可明，民知所从矣。”[3]董仲舒建言汉武帝，需要用儒家思想作为施政主要依据，方能巩固“大一统”的成效。“在他（董仲舒）看来，文化的‘一统’和政治的‘一统’是一致的，而前者又可以为后者奠定深入人心的统治的根基。”[4]董仲舒对“大一统”有着深刻的理解，将其置于“万物”当中去把握。《汉书·董仲舒传》师

---

① 安平秋、张传玺：《二十四史全译：汉书》（全三册）第一册，汉语大词典出版社 2004 年版，第 489—490 页。

② 安平秋：《二十四史全译：史记》（全二册）第一册，汉语大词典出版社 2004 年版，第 500 页。

③ 安平秋、张传玺：《二十四史全译：汉书》（全三册）第二册，汉语大词典出版社 2004 年版，第 1208 页。

④ 王子今：《东方帝国的营造：秦汉王朝政治史》，陕西人民出版社 2024 年版，第 161 页。

古注：‘一统者，万物之统皆归于一也。’万物归于一统，是真正的大一统！”[①]董仲舒在“大一统”研究方面，扮演了十分重要的角色，不仅架构起庞大的理论体系，还在那个风云际会的年代，利用皇权采纳并推广了自己建构的庞大的“大一统”理论体系。“董仲舒学术立身之本为《春秋》公羊学。公羊学派擅长解释儒家经典的微言大义，在此过程中杂糅各种学说和自己的主张，以适应时代与社会的变迁。自古以来，以儒家经典为历史依据推行社会变革的政治人物几乎都出自公羊学派，道理就在于此。董仲舒吸收战国时代阴阳家、五行家甚至道家等诸子学说思想，还将社会上流行的谣谶灾异等糅合进来，建构了比战国时代的儒家更为庞杂的新儒学理论体系，全面阐释天地自然与社会演进的各种问题，以适应大一统国家的时代变局。”[②]汉武帝采纳并推行了董仲舒的建言，且为汉朝“大一统”找到了理论依据。“自武帝初立，魏其、武安侯为相而隆儒矣。及仲舒对册，推明孔氏，抑黜百家。立学校之官，州郡举茂才孝廉，皆自仲舒发之。”[③]董仲舒提供理论指导，汉武帝大力实施，二人在“大一统”认识方面形成默契，功绩自此建立和流传。“孝武初立，卓然罢黜百家，表章《六经》。遂畴咨海内，举其俊茂，与之立功。兴太学，修郊祀，改正朔，定历数，协音律，作诗乐，建封禅，礼百神，绍周后，号令文章，焕焉可述。后嗣得遵洪业，而有三代之风。”[④]汉武帝的业绩由此被凸显出来。“他（汉武帝）不仅把秦始皇所开创的事业巩固了下来，而且向前推进了一大步，把中国古代多民族的统一的伟大祖国的形成和发展这一事业推进到一个新的历史阶

① 杨向奎：《大一统与儒家思想》，北京出版社 2016 年版，第 120 页。

② 韩昇：《从封建到大一统：〈史记〉中的历史中国》，生活·读书·新知三联书店 2023 年版，第 459 页。

③ 安平秋、张传玺：《二十四史全译：汉书》（全三册）第二册，汉语大词典出版社 2004 年版，第 1210 页。

④ 安平秋、张传玺：《二十四史全译：汉书》（全三册）第一册，汉语大词典出版社 2004 年版，第 83 页。

段。”[①] 当然，汉朝虽然以儒家学说为主要施政依据，却也包含了其他类型的治国思想。“到了汉代，虽号称儒家独尊，然儒家之学中实混有其他诸子之学的成分。”[②]

安定的环境、稳定的局势，可以让国人更加专心地投入城市建设、经济发展、文化兴盛等事业当中。西汉定都于长安，位于关中之地，本自富饶。正如东方朔在给汉武帝进言中所描绘的样子：“夫南山，天下之阻也，南有江淮，北有河渭，其地从汧陇以东，商雒以西，厥攘肥饶。”[③] 在这样富饶安宁的环境中进行城市建设，一定是顺利且富有成效的。故西汉长安城经几代皇帝努力，建设颇具规模。“作为中国历史上第一个真正意义上大一统王朝的首都，汉长安城的营建‘览秦制，跨周法’，开创了中国都城的新规制。”[④] 在当时的长安城中，既有气势恢宏的皇宫建造，也有市民经商购物的日常行为，还有大量满足社会需求的公共服务设施供给，总之，西汉长安城一派繁荣的气象。

西汉时期，在“大一统”局面下，全国各地城市建设，虽有繁荣程度不一的实际情况存在，但是在基本设施、公共服务、百姓安宁生活等基本保障方面，存在诸多共同之处。与长安城并立的如邯郸，政府着力整修道路、发展水运、完善交通，成为当时人们向往的大城市之一。“随着城市建设的恢复，邯郸重新成为一个拥有十几平方公里城区面积和几十万人口的经济大都市，位列西汉‘五都’之一，目前在邯郸附近的洺河中上游等地区发现 11 处城邑遗址，如阳城城址、邑城城址、柏人城址等，均建造有夯土城垣，进一步实证了汉代

① 张传玺：《封建王朝的兴起：张传玺说秦汉》，生活·读书·新知三联书店 2018 年版，第 83 页。

② 童书业：《童书业杂著辑存》，商务印书馆 2018 年版，第 302 页。

③ 安平秋、张传玺：《二十四史全译：汉书》（全三册）第二册，汉语大词典出版社 2004 年版，第 1356 页。

④ 成都博物馆：《列备五都：秦汉时期的中国都市》，文物出版社 2022 年版，第 11 页。

邯郸城集群的快速发展。而邯郸作为这个区域城镇集群的核心，发挥中心城市功能，一方面利用自身强大的吸引力与影响力，从周围城市吸纳各种物质、人才资源，形成贸易、交换及财富集散中心；另一方面，又通过城市群之间的紧密联系，在政治、经济、文化等方面向周边城市进行辐射，带动了本区域城市集群的共同繁荣。”①距离长安城很远的临淄，亦发展迅速，十分富庶。“秦汉时期，在大一统的社会背景下，临淄地当交通要道，遂成为全国有名的大城市。”②临淄城市布局合理，工商业较为发达，百姓生活十分惬意舒适。“汉代的临淄城继承了战国时二重城墙的格局，形成了今天所见临淄齐国故城遗址‘大城咬小城’的格局。小城为侯王的宫城；大城则是百姓所居及工商业所在，城内设有六处市场，以及专门管理纺织制作、冶铸业的服官和铁官，城市的工商业属性极强。”③对临淄发展的情况比较了解的主父偃向汉武帝这样介绍临淄：“齐临淄十万户，市租千金，人众殷富，巨于长安。”④“长安是西汉的都城，汉平帝元始二年，长安的人户数为‘户八万八百，口二十四万六千二百’，临淄的人户数和商品交易额都超过了长安，不仅居全国之冠，而且也是当时世界上罕见的大城市。”⑤即使在西北诸郡，虽然过去人口较少、较为荒凉，农业生产较为落后。但是统治者为了加强边地国防建设，采取徙民屯田制度，不仅从内地带去了充足的劳动力，还加强了与边地的经贸文化联系。“由于人口增多，边地的农业才可不断发展。武帝时仅上郡、朔方、西河和河西诸郡从事屯田的

---

① 成都博物馆：《列备五都：秦汉时期的中国都市》，文物出版社2022年版，第169页。

② 成都博物馆：《列备五都：秦汉时期的中国都市》，文物出版社2022年版，第98页。

③ 成都博物馆：《列备五都：秦汉时期的中国都市》，文物出版社2022年版，第96页。

④ 安平秋：《二十四史全译：史记》（全二册）第二册，汉语大词典出版社2004年版，第804页。

⑤ 安作璋：《学史集续集》，中华书局2015年版，第250页。

人们已经达到六十万。”[①]

汉朝总体上继承了秦朝的体制、律令、规章，并且从文化上经融合发展，形成了“大一统”的文化。秦汉的“大一统”在历史上具有鲜明的开先河作用，对历史发展产生了深刻影响。“秦与西汉时代的‘一统’或‘统一’，成为中国历史政治建设的典范与理想，由此，‘一统’思想深入人心。”[②]

三国两晋南北朝更思“大一统”

东汉之后，是历史上的魏晋南北朝时期。魏晋南北朝时期与“大一统”的局面和秩序虽相差甚远，但是在大分裂、大动荡、大混乱时期，又出现了民族融合与局部统一，这些积极因素又为后来的隋唐“大一统”局面的出现，奠定了基础。“从政治上说，魏晋南北朝是继秦汉帝国之后，我国出现的一个政治分裂、社会动荡和战争频繁的历史时期。这一时期除了西晋有过短暂的统一之外，大部分时间都处在分裂与动荡之中，先后经历了三国鼎立、十六国和东晋的对峙、南北朝对峙，以及北朝后期的齐、周政权东西对峙等几个历史发展阶段。由于政治分裂，南北对峙，进而造成王朝更迭频繁，割据政权林立。”[③]在这样一种复杂局势下，人心更思“大一统”局面。同时，在这样一种复杂局面下，对峙和矛盾之下又孕育着新力量，这股新力量又不断朝着“大一统”方向迈进。

三国时期，虽然“大一统”未能完成，但是实现了局部统一，为将来“大一统”创造了条件。曹魏政权完成了统一北方的任务，这里面曹操的贡献颇大。“统一是秦、汉以来中国历史的必由之路。曹操完成了中国北部的统一，

① 史念海：《史念海全集》（全七卷）第三卷，人民出版社 2013 年版，第 140 页。

② 安介生：《中国历史民族地理》（上、下册）上册，齐鲁书社 2024 年版，第 154 页。

③ 张旭华：《魏晋南北朝史文存》，中州古籍出版社 2019 年版，第 2—3 页。

并且在相当程度上巩固了统一，这是曹操在历史上最值得肯定的地方。”① 蜀国的刘备、诸葛亮完成了西南地域局部的统一，且因善于治理，出现了局部秩序安稳、百姓称赞的景象。“（诸葛亮）于是外连东吴，内平南越，立法施度，整理戎旅，工械技巧，物究其极，科教严明，赏罚必信，无恶不惩，无善不显，至于吏不容奸，人怀自厉，道不拾遗，强不侵弱，风化肃然也。”② 东吴孙氏在局部统一的过程中，不仅消除了盘踞在江东的割据力量，还深入广泛地整合了江东本土力量。当地大族力量也审时度势，追随有智见的孙氏。“而这些本土豪族也同样抱有期待，与其任由江南各地被弱小势力割据，还不如有一个强力政权来将整个江南统合起来。”③ 孙氏与江东大族达成共识，整合当地豪族力量，成了支持孙氏完成局部统一的重要推力。“孙权有必要也有可能更广泛地吸收江东士人，并使他们得以进入高层位置，以至于最后授予他们文武两途的当轴主政地位，完成孙吴政权江东地域化的进程。”④ 魏蜀吴三国的各自局部统一，为后来晋国实现一统奠定了基础。西晋之后的历史，也是循此规律演进。“需要指出的是，魏晋南北朝虽然在政治上属于分裂，但在分裂中又酝酿着统一，如晋武帝平定东吴，结束了三国鼎立的局面，使天下复归一统。十六国期间，北方地区也曾有过两次短暂的统一，一是在后赵石勒时期，一是在前秦苻坚时期。下迄北朝，北方地区又有过两次统一，一是北魏拓跋焘统一北方，时间长达 90 余年，为北魏的封建化铺平了道路；再是北周平定北齐，为隋文帝最后统一全国奠定了基础。”⑤

① 田余庆：《秦汉魏晋史探微（重订本）》，中华书局 2011 年版，第 130 页。

② 许嘉璐：《二十四史全译：三国志》（全二册）第二册，汉语大词典出版社 2004 年版，第 592—593 页。

③ ［日］川胜义雄：《魏晋南北朝》，林晓光译，九州出版社 2022 年版，第 147 页。

④ 田余庆：《秦汉魏晋史探微（重订本）》，中华书局 2011 年版，第 295 页。

⑤ 张旭华：《魏晋南北朝史文存》，中州古籍出版社 2019 年版，第 5 页。

隋唐的“大一统”

隋唐时期，中国无疑是东亚地区举足轻重的大国、强国。隋文帝结束了南北朝分裂局面，重新塑造了“大一统”的格局。在稳定的前提下，隋文帝开始实施一系列政策，在考察前代治政经验教训的基础上，推行三省六部制，明确了不同部门的职责，提高了行政效率。“隋文帝实行的三省六部制，承前启后，奠定了中央政治体制的基本框架，影响极其深远。”[①]此外，隋文帝积极推动地方行政制度改革，任用贤良，尊文崇学，发展生产，“大一统”局面得以巩固。当时，隋文帝下令开凿“广通渠”，畅通了咸阳到潼关全长300余里的河道，不仅便利于漕运，还有利于农田灌溉，被百姓称为“富民渠”。从隋文帝开渠之事中，可以看出其勤政为民之状，也可以看出“大一统”格局给百姓带来的诸多益处。“然当时（隋朝）户口蕃殖，国用富溢，夷狄虽强大，不敢少与之抗，若汉唐之盛矣。”[②]将隋朝与汉唐相比，其中内含“大一统”局面得以巩固这一共性。

唐太宗注重从隋朝灭亡的历史中汲取教训，推行了轻徭薄赋、发展生产、任用贤良、敢于纳谏、精简机构等一系列政策措施，出现了政治清明、经济发展、文化昌盛的“贞观之治”。物质的充盈、精神境界的提升，让“贞观之治”有了更多被人称道的地方：“商旅野次，无复盗贼，囹圄常空，马牛布野，外户不闭。又频致丰稔，米斗三四钱。行旅自京师至于岭表，自山东至于沧海，皆不赍粮，取给于路。入山东村落，行客经过者，必厚加供待，或发时有赠遗。”[③]

隋朝在城市建设方面也形成了独特的格局。“隋初设计大兴城时只有东、

① 韩昇：《隋文帝传》，人民出版社2015年版，第133页。

② （明）方孝孺：《方孝孺集》（全三册）上册，浙江古籍出版社2013年版，第192—193页。

③ 骈宇骞译注：《贞观政要》，中华书局2011年版，第53页。

西两市，两市四面各开二门，市内街道呈‘井’字形。东西两市内邸店林立，货物山积，各类商品，一应俱全。”[①] 唐朝继承了隋朝在都城建设方面的经验，在大兴城基础上进行城市设计和布局，诞生了国际大都市——长安城，不仅完善了城市各项功能，还为各行各业的发展繁荣提供了良好环境。“长安作为一代都城，承前启后，继往开来，它在规模宏伟、布局合理、功能区分、居住方便、市场集中等方面，总结并大大超过了前人的成就，是中国古代城市建设史上的一个新的里程碑，对于唐代和唐以后的城市建设，对于日本奈良、京都等古代都城的建设，都产生了深远的影响。”[②] 国力强盛、社会稳定、经济繁荣，这就为长安城吸引各方人才提供了保障，包括唐朝以外其他国家和政府的使者、商人、百姓等前来游览和定居，这种城市的包容性在“大一统”的背景下显得更加熠熠夺目、魅力四射。“唐代上承隋室之后，勠力图强，国威大震，域外各国或受保护，或来朝贡；东起高丽，西至波斯，莫不为唐人势力所及。一时中外交通骤见兴盛，加以国内政治修明，社会安谧，远方商贾竞来汉土，以逐什一之利。其时帝都长安为文物中心。人烟稠密，珍货辐凑（辏），诚为一时巨都。”[③] 唐朝长安城吸引了许多域外国家和政权的人前来，或为向往，或为出使，或为融入，或为经商，或为生活，带来了不同的文明、文化、艺术、物资，充实和丰盈了长安城的繁华。“三百年的唐长安，是当时世界上屈指可数的大都会，吸引了东西南北各国、各族的精英分子来此施展才华、生活享乐。与此同时，东西方大量珍贵的物品也通过各种途径进入长安，使长安成为

① 荣新江等:《唐：中国历史的黄金时代》，生活·读书·新知三联书店 2021 年版，第 58 页。

② 王仁波:《隋唐文化》，学林出版社 1997 年版，第 30—32 页。

③ 史念海:《史念海全集》（全七卷）第六卷，人民出版社 2013 年版，第 640 页。

一座集聚了各种金银财宝的场所。”[①] 唐朝的扬州城，虽然不及长安城政治地位重要，但也是一派欣欣向荣，显示出“大一统”格局下，全国各地发展的生机活力。扬州城因运河畅通而成为水陆交通要道，成为国内物资转运的重要中心，出现了公船运漕、商旅载货、舳舻相继的景象。扬州便利的交通与繁华景象，不仅让扬州外的唐人钦羡，曾作出过不计远近也要绕道经过扬州的决定，更使其成为唐朝对外交往的重要窗口，许多外国使者经扬州赴长安城。因交通重要、商业繁荣、手工业发达，导致当地人口剧增，从唐高祖到唐玄宗的百余年时间中，扬州地区人口增加了近5倍，达到46万多人。扬州周围不仅盛产粮食，而且大量产盐，可以不断地增加朝廷的税收。扬州繁华一时，吸引诸多诗人前往，留下了众多赞颂扬州的优秀篇章。“张祜有一首《纵游淮南》的诗，写扬州的繁荣更略尽全貌。诗中说：‘十里长街市井走，月明桥上看神仙。人生只合扬州死，禅智山光好墓田。’在当时人的眼光中，扬州的繁荣是无以复加的了。”[②]“扬州富庶甲天下，时人称扬一、益二。”[③] 扬州由繁华一时，经唐朝末年地方割据、战乱不断，导致繁华不再、百姓遭难。这就充分说明了“大一统”巩固的重要性。前面提到的“扬一、益二”中的益州，在唐朝也是十分繁荣的大都市。益州位居长江上游，土地肥沃、物产丰富、交通便利。“益州的富饶也得力于当地的农业发达和丝织品的良好。”[④] 益州产粮甚多，麻、茶、纸等物产亦很有名。丝织品以蜀锦为最。地处西北的凉州，是唐朝当时通西域的重要枢纽，因为位置独特，区位优势明显，既可发展畜牧业，又适合发展农业，这是促其富庶的重要因素。故能在唐初，凉州有8000余户，到天宝年间，

---

① 荣新江：《从张骞到马可·波罗：丝绸之路十八讲》，江西人民出版社2022年版，第219页。

② 史念海：《史念海全集》（全七卷）第三卷，人民出版社2013年版，第772页。

③ （宋）司马光：《资治通鉴》（全十八册）第十六册，中华书局2019年版，第11064页。

④ 史念海：《史念海全集》（全七卷）第七卷，人民出版社2013年版，第344页。

增至 2.2 万余户。凉州商旅众多、人烟繁盛且地域文化鲜明，让人能想到凉州当时百姓安居乐业及商业繁华的局面。

宋朝非传统型的“大一统”

宋朝疆域虽然没有汉唐面积大，但是在历史上占有重要地位，尤其在经济发展、文化繁荣方面，被人所称道。“国家承五代乱离之后，稽三王质文之变，太祖以神武定天下，太宗以圣文化域中。万里封疆，复禹旧迹；二圣功业，与天比崇。德化所被，靡不祗若；日月所照，罔不率俾。自开创致升平，迨四十年矣。”[①] 因宋太祖、宋太宗的努力，施行德教，终有“升平”局面的出现。北宋都城开封，是有名的大都市，十分繁华，百姓安居乐业。“当时它（开封）是世界上最大的城市，新旧城共有 8 厢 120 坊，人口达 10 万户，加上驻防的军队共有 137 万人。”[②] 开封作为当时最繁华的城市，让人印象深刻。“到神宗朝时，开封人口约有百万之众，拥有便利的水陆交通和充盈的物资，各地货物经过汴河、黄河、广济河、惠民河源源不断地运送到开封，成为全国商品经济最为发达的城市。”[③] 宋代物质产品极为丰富，促进了商业的细分和繁荣，进一步满足了百姓的各类需求，提升了百姓的幸福指数。“开封城中有的餐饮业三更才结束营业，五更再次开张，著名的酒楼有白矾楼，后改称丰乐楼，宣和年间（1119—1125）重修时形成了五座三层高楼相连的规模。”[④] 各类商业形态应有尽有，让人应接不暇。“其余坊巷院落，纵横万数，莫知纪极，处处拥门，

---

① （宋）田锡：《咸平集》，巴蜀书社 2019 年版，第 183 页。

② 邓小南等：《宋：风雅美学的十个侧面》，生活·读书·新知三联书店 2021 年版，第 278 页。

③ 中国历史研究院：《中华文明史简明读本：全二册》上册，中国社会科学出版社 2024 年版，第 429 页。

④ 包伟民、吴铮强：《宋朝简史》，浙江人民出版社 2020 年版，第 216 页。

各有茶坊、酒店、勾肆、饮食，市井经纪之家，往往只于市店旋置饮食，不置家蔬。夜市直至三更尽，才五更又复开张。耍闹去处，通晓不绝。”① 开封整个城市设计不仅体现了建筑学特征，还给人一种审美上的直观感受，更是满足了百姓日常生活的需求。“《清明上河图》中显示汴河上一大桥，桥旁市肆商业最为繁盛。”② 这里强调的“市肆商业”，反映了当时各行各业繁荣的场景。“展开北宋张择端的《清明上河图》，当年开封府的繁华气象就扑面而来。画中城楼以西，商店林立，屋宇雄壮，门面宽阔，生意兴隆，其中最为突出的是酒店、邸店、彩帛铺、饮食店等。街上车水马龙，熙熙攘攘，热闹非凡。”③

北宋的社会治安相对稳定，也是统一局面下和谐景象的写照。“宋有天下百数十年，朝无威福之臣，野无豪猾之奸；内无寇攘之变，外无夷狄之虞。”④ 这种局面得益于宋朝统治者开明的政策、恤民的举措、宽容的指令、有序的规范。“历史定例，开国之初，迭经兵燹，人少地多，供过于求，而朝野上下，又皆曾经患难之人，务相导以节俭。故其时国用必由困乏而渐充，而朝廷亦必甚恤民力，不为竭泽而渔之计。”⑤

元朝的“大一统”

“于是元起自朔陲，奄燕云，吞全夏，乃始入践中原，而又绕出滇、云蒙、段之区，以及西蜀，而并吴、会，天下始合为一。”⑥ 元朝统一全国后，结束了战乱纷争的局面，使得再造“大一统”成为现实。“大一统为南北社会经

① 柳诒徵:《柳诒徵文集：全 12 卷》第二卷，商务印书馆 2018 年版，第 71 页。

② 史念海:《史念海全集》（全七卷）第七卷，人民出版社 2013 年版，第 645 页。

③ 包伟民、吴铮强:《宋朝简史》，浙江人民出版社 2020 年版，第 166 页。

④（宋）周行己:《周行己集：外一种》，浙江古籍出版社 2015 年版，第 39 页。

⑤ 柳诒徵:《柳诒徵文集：全 12 卷》第二卷，商务印书馆 2018 年版，第 70 页。

⑥（明）陈邦瞻:《元史纪事本末》，中华书局 2015 年版，第 226 页。

济文化的发展准备了条件。大统一结束了长期的分裂局面，出现了一个各民族、各地区，在统一中央政权管辖下的相对安定环境。南宋、金、西夏对峙期间，两淮、襄汉、陕南、陇西、河套等地区都是长期兵火蔓延的边地；漠南一线，也是瓯脱纵横之区。”[①] 元朝在建立前和建立后的鲜明对比，证明了“大一统”的极端重要价值和历史作用。《元史》中有这样一段记载：“自封建变为郡县，有天下者，汉、隋、唐、宋为盛，然幅员之广，咸不逮元。汉梗于北狄，隋不能服东夷，唐患在西戎，宋患常在西北。若元，则起朔漠，并西域，平西夏，灭女真，臣高丽，定南诏，遂下江南，而天下为一，故其地北逾阴山，西极流沙，东尽辽左，南越海表。”[②] 元朝实现“大一统”，也为学人所乐道。元代学者吴莱在《石陵先生倪氏杂著序》中写道：“夫自南北分裂，士之学者方守于一隅，而禹迹之所被者率不能遍历。黄河之源出于昆仑，黑水之流播于南海，而近世地理之家茫无据依，远相億度。盖今海内混一，重译万里。黄河自星宿海发源，历九渡河而后北会于临洮积石之西，黑水复流其西界，而径趋于滇越之外境，若可以烛照而数计者。”[③] 国家一统之下，游历山川，得出准确的地理信息，是可以实现的，也是值得推崇的。元朝在疆域拓展方面超过历史上任何一个时期，为“大一统”政策实施奠定了扎实基础。“世祖（忽必烈）承之，而宋箓遂讫。立经陈纪，用夏变夷，肆宏远之规模，成混一之基业。”[④] 完成一统大业后，元朝统治者推行汉法，以历代正统后继者身份自居，持续巩固“大一统”局面。“元于宇宙间固称极乱，要其盛时，君臣相与请求创置一代之

---

① 周良霄：《忽必烈》，上海古籍出版社 2023 年版，第 157 页。

② 李修生：《二十四史全译：元史》（全六册）第二册，汉语大词典出版社 2004 年版，第 1071 页。

③ （元）吴莱：《吴莱集》（全二册）下册，浙江古籍出版社 2024 年版，第 685 页。

④ （明）宋濂：《宋濂全集》（全八册）第二册，浙江古籍出版社 2014 年版，第 474 页。

基，亦自有一代精神足垂于后，此圣祖之所以不尽废也。”[①]

元朝建立后，在完善官制、发展经济、健全交通体系、崇文兴学等方面，有许多作为与建树，进一步巩固了来之不易的“大一统”成果。元朝中央机构分中书省、枢密院、御史台，分掌行政、军事、监察大权。元朝在地方各地设立行省，使其成为地方的最高行政机构。“元朝的行省制，从政治上巩固了国家的统一，使中央集权在行政体制上得到保证。”[②]元朝统治者改变过去忽视农业的态度，采取诸多措施，致力于发展农业。元朝下令保护农田，设立管理农业的专门机构，颁布农书指导农业生产，完善基层村社机制，促进了农业发展和人口增加。在交通方面，一方面疏通运河、开通海道，促进河运、海运经济；另一方面，元朝继续发挥驿站的作用，助力交通体系的完善。“四方往来的使者，‘止则有馆舍，顿则有供帐，饥渴则有饮食’，在全国统一以后，忽必烈把驿站制度推及于江南，形成通贯全国的驿站网。”[③]元朝统治者在汉臣辅佐下，大兴文教之学，形成了上下皆知学的局面。元人柳贯在《永嘉县学新记》中写道：“府有学，县亦有学，犹党庠遂序之异名而同以化民成俗为义也。”[④]这段话再现了元朝县学开设的兴盛场景，反映了朝廷对读书学习氛围营造的重视。“若今大州小县建学立师，涖而教之，虽非比闾族党之所升，然入孝出弟，有作有息，固皆三代直道之民，特未有以先生良法美意淑之使善，教之使成，而遂谓今之学非古之学，亦惑之甚也。”[⑤]元朝发展县学，着力发挥县学在教化人心方面的积极作用。元代的赵孟頫在《贤乐堂记》中写道：“古者贤公卿大臣遭遇时君，得志当世，盖亦有园池台榭之观，非徒以适宴休、纵逸游而已，

① （明）陈邦瞻：《元史纪事本末》，中华书局 2015 年版，第 224 页。

② 张传玺：《简明中国古代史（第五版）》，北京大学出版社 2013 年版，第 372 页。

③ 周良霄：《忽必烈》，上海古籍出版社 2023 年版，第 150 页。

④ （元）柳贯：《柳贯集》（全二册）下册，浙江古籍出版社 2014 年版，第 389 页。

⑤ （元）柳贯：《柳贯集》（全二册）下册，浙江古籍出版社 2014 年版，第 430 页。

将以散意息虑，思其政，求其道，推其乐于天下，以辅成其君也。惟古之为园池、台榭也，必以仁为之基，义为之途，礼为之藩垣，不言而信，及于豚鱼；不动而泽，被乎草木，品物欣欣，各得其所。是以居之而安，游之而适，思之而得，求之而合，推其乐可以及乎四海，保其地可以传乎子孙。”① 赵孟頫在这篇文章中，对元朝统治者给予了儒学应用方面的期待，希望其能够以儒家学说“仁义礼智信”为治政理念、基础，推及于人，“四海”方能大治。

明朝的“大一统”

“洪武元年秋八月，上（明太祖）既平定朔方，九州攸同。”② 明太祖在群雄逐鹿中完成大业一统。“钦惟皇帝陛下（明太祖）奉天承运，济世安民，建万世之不图，绍百王之正统。”③ 明太祖以承继历代王朝正统为使命，致力于开创一个民安其业的“大一统”局面，故能发展生产、蠲免赋税、兴文崇学。“臣闻至治之世，礼乐征伐自天子出，故能混六合为一家，垂显休于万世。洪惟我太祖高皇帝膺符肇迹，统一寰宇，总揽权纲，以驭亿兆,四裔戎夷，闻风款附。”④ 明太祖建立“大一统”之业，在民间也有响应。明人程春宇在《士商类要》中写有“舆地图说”一章，其中写道：“我国家（明朝）混一区夏，削平僭逆，建两京十三省，盖唐、虞所不能臣，《职方》所不能载者，靡不归我版图，覃被德化。”⑤ 在治理国家的过程中，明朝能够尽泽境土，德化天下，在版图范围内，力施统一的政策。“洪惟太祖皇帝寅奉天命，肇建皇极，以大公域四海，以仁恩子庶民。虽遐陬僻壤，在荒服之外者，亦皆设官以牧之。治化

① （元）赵孟頫:《赵孟頫集》，浙江古籍出版社 2016 年版，第 188 页。

② （明）宋濂:《宋濂全集》（全八册）第二册，浙江古籍出版社 2014 年版，第 476 页。

③ （明）宋濂:《宋濂全集》（全八册）第二册，浙江古籍出版社 2014 年版，第 475 页。

④ （明）黄淮:《黄淮集》（全二册）上册，浙江古籍出版社 2023 年版，第 187 页。

⑤ （明）程春宇辑:《士商类要》，南京出版社 2019 年版，第 1 页。

之盛，蔑以加矣。”①明初黄淮的好友沙子振被选派到禄州做同知。黄淮写文送之，为其壮行，希望沙子振能够在边鄙之地，不因偏远荒凉、民俗殊异而在施政上有所不同。这就让人们能够想到，即使是在偏远荒凉之地，亦有接受过系统儒学训练的官员，承担着重要使命，完成着治理任务。“大一统”局面下，不因远近、尊卑而在施策上有所不同。

清朝的“大一统”

清军入关后，不仅完成了统一全国的目标，而且在与各种分裂势力、侵略势力作斗争的过程中，进一步维护了国家主权和领土完整。在这里，康熙的作用较为突出。“康熙帝在位六十一年，其前期致力于国家的统一，经过对内对外的长期斗争，战胜了一次又一次的分裂危机，使中国统一的多民族国家在历史长期发展的基础上，进一步巩固和发展。在完成国家统一之后，康熙帝集中精力，孜孜以求治，对政策进行调整，社会经济因之从清初凋敝状态中得以复苏和发展，出现了所谓的‘康乾盛世’。”②

从制度上看，清朝对前朝规章多有承袭，取延续正统之义。“清之制度，一切皆沿朱明之旧，其异者，特因事立制，久而相沿，随时补敝救偏，无大规模之建设也。”③为了更好地维护社会稳定、巩固政权安全，清朝统治者十分重视儒家文化，不仅组织众多人才修史编著，大兴文化工程，还从思想上高度重视文脉传承、文化建设。康熙曾讲道：“至圣之德与天地日月同，其高明广大，无可指称。朕向来研求经义，体思至道，欲加赞颂，莫能名言。特书‘万世师

---

① （明）黄淮：《黄淮集》（全二册）上册，浙江古籍出版社 2023 年版，第 209 页。

② 王思治：《清史述论》（全二册）上册，故宫出版社 2016 年版，第 203 页。

③ 柳诒徵：《柳诒徵文集：全 12 卷》第七卷，商务印书馆 2018 年版，第 786 页。

表’四字，悬额殿中，非云阐扬圣教，亦以垂示将来。”[①] 康熙对孔子、儒家学说不仅重视，还能将其运用到治政当中，进而巩固“大一统”事业，是值得肯定的。

康乾盛世，进一步巩固“大一统”局面。“康雍乾时期，中国经济、政治、文化有很大的发展，国家的综合国力强大，社会秩序安定，人民生活水平有较大的提高，国家的统一大大地巩固、大大地加强，所以形成了康雍乾盛世。”[②] 这一时期，经济迅速恢复和发展，农业技术有了较大提升，农田得以大面积开垦，人口数量不断增加。当时，清朝的工业、商业、手工业发展也进入了一个新阶段。文化方面，大兴文化工程，推动崇文兴学良好社会氛围的形成。当然，在乾隆末期，也存在着巨大的社会危机。但整体上的盛世局面，是“大一统”的真实写照。

康雍年间，有一个画家叫黄鼎，性喜游历，擅长作画，其代表作《长江万里图》，通过艺术的手法，再现了国家一统局面之下祖国山川之胜。“而今收藏于上海博物馆的清代画家黄鼎《长江万里图》卷，则从长江源头一直描绘到入海口，总长度竟达到将近 80 米，石壁岿然，奇峰突立，气势恢宏磅礴，而帆樯片片细意渲染，工秀绝伦，气韵沉雄，无一点粗豪气。”[③] 在这幅画中，黄鼎勾勒出山岩耸立、江河回荡、游人如织、市镇繁华的景致，强调了国家在“大一统”的环境下，环境壮美、秩序安宁、城镇闲适带给百姓的精神愉悦。

中华文明绵延不绝、延续至今，“大一统”理念作为维系中华民族共同体意识的精神密码，在促进各民族血脉相融、信念相同、文化相通、经济相依、情感相亲过程中发挥了十分重要的作用。“大一统”局面下，政治稳定、经济

① 徐尚定标点:《康熙起居注：标点全本》（全八册）第三册，东方出版社 2014 年版，第 120 页。

② 戴逸:《清史寻踪》，北京出版社 2017 年版，第 77 页。

③ 上海博物馆:《文物的亚洲》，译林出版社 2019 年版，第 247 页。

发展、社会进步、文化昌盛、百姓安居乐业的状态得以出现和稳固，百姓心向往之。“大一统”的理论和实践不仅再现了中华民族多元一体的历史传统，而且对我国作为统一的多民族国家的形成和发展具有深远的影响。

“天下观”视域下中国统一多民族国家的形成

探讨中国先民的思维方式，离不开天、地、人三要素。司马迁在《史记·秦始皇本纪》中记录了秦朝大臣所讲过的一段话：“古有天皇，有地皇，有泰皇，泰皇最贵。”[①]这里的“泰皇”指的是“人皇”。天、地、人三皇是远古时期先民对空间和时间的一种理解和概括。这反映了当时人们朴素原始的思维方式。人类世界，是人与天、地并存的空间；人类的历史，是人与天、地共同经历的时间所形成的记忆。这种思维方式对天下思想的形成产生了重要影响。“从中国的历史来看，无论是在空间上展开的国家构造，或是时间上展开的王朝更替，都受到‘天下思想’的影响与制衡。”[②]“天下思想”所形成的“天下观”，对于中国统一多民族国家的形成产生了十分重要的影响。

古代天下观内涵十分丰富。天下观中“天下”可以从三个维度去分析。

一是从价值维度看，天下与道德紧密相连，以德治国的味道更加浓厚。国家与天下在古代被经常提及，除了区域面积上的区别之外，更深一层次的理解在于治理内容和效果的区分上。《荀子》中指出：“国，小具也，可以小人有也，可以小道得也，可以小力持也；天下者，大具也，不可以小人有也，不可以小道得也，不可以小力持也。国者，小人可以有之，然后未必不亡也；天下

① 安平秋：《二十四史全译：史记》（全二册）第一册，汉语大词典出版社 2004 年版，第 75 页。

② ［日］王柯：《从“天下”国家到民族国家：历史中国的认知与实践》，上海人民出版社 2020 年版，第 8 页。

者，至大也，非圣人莫之能有也。”[①] 在这里，荀子将国家和天下分别以小具和大具来说明，强调儒家学说习得程度是衡量治国、治天下不同的重要因素。先民对天的直接观感，将其描述为一个神圣的存在，进而在祭祀中给予“天”崇高的地位。“古代中国人的这种对于‘天’与世界的直观的认识，不仅导致了‘天下’万物都反映着并且要服从于‘天’的意志的主观结论，同时也会导致世界上只有一个‘天下’的主观结论。这些主观结论，构成了‘天下思想’的最基本原理。”[②] 在夏、商、周时代，王朝祭祀十分常见。王朝统治者为了证明统治的合法性，就借天之名治理国家。“依然呈现为活跃意志的天，此后更多被看成礼仪秩序与先天和谐的源泉与保证。”[③] 如何将无形的天与有形的现实有力地结合在一起，靠的就是德治力量。实行德治，推行良策，就会得到“天”的青睐，就会有统治的合法性。“据西周青铜器铭文所记载，周文王乃是‘受命于天’，并且，周文王之所以‘受命于天’，乃是与他的‘有德’有关。这里可以看出，周王朝利用‘有德’的周室‘受命于天’这一观点，将自己的权力正当化了。”[④] 周朝将自己的合法性阐释为“受命于天”，形成一种王权理论。“‘天命’这一概念，将成为中国所有政治理论之基本，也是周朝为自己找到的推翻商朝的理由：商朝最后几位君王不配统治，故而天命周来惩罚并取代他们。”[⑤] 一旦“天命观”形成一种理论后，就会为政权存在进而稳固提供合理且合法的解释。“周人以天作为大命的来源、王权确立的依据，历史上前所未有

① 方勇、李波译注：《荀子》，中华书局 2015 年版，第 280 页。

② ［日］王柯：《从“天下”国家到民族国家：历史中国的认知与实践》，上海人民出版社 2020 年版，第 10 页。

③ ［法］程艾蓝：《中国思想史》，冬一、戎恒颖译，河南大学出版社 2018 年版，第 44 页。

④ ［日］沟口雄三：《中国思想的再发现》，帅斌译，四川人民出版社 2024 年版，第 4 页。

⑤ ［法］程艾蓝：《中国思想史》，冬一、戎恒颖译，河南大学出版社 2018 年版，第 44 页。

地产生了政权合法性来源的理论。”① 这一观念在周人意识形态中不断强化，成为凝聚人心的重要手段。“因此，周人不仅依赖其分封、宗法制度方面的成就创建出一个以周天子为核心的‘四方’，而且依靠天授大命的思想，营造出一种有助于‘统一’倾向的氛围，培养出一种共同的观念，裨益于周人在实际上开疆拓土，在精神上凝聚诸多族群、提高周之国家威望。典章制度与意识形态相辅相成，并列成为维护周邦安宁稳定的重要力量。”② 在古代中国统一多民族国家形成过程中，统治阶级十分重视道德理念的运用，包括将其运用到中原和边疆地区，能够起到增进团结、凝聚人心、巩固政权的作用，让“天下”更加稳固。天下不仅成为德治的重要对象，还成为社会发展的远景目标。实行德治、实现目标的过程中，需要规范权力、营造平等的社会氛围。“天下是公共的产物（或天下是天下的），客观上就要求天子的‘权力’必须用于公共的目的，而不是用于私人的目的或皇家的利益。”③ 百姓也要在“天下”的“公共”视域下发挥作用，构建人与人平等相待，平等地分享应有的待遇和利益；国家也要在“天下”的“公共”视域下发挥作用，构建大国、小国平等相处与和睦共处的格局。古代社会，“天下”更多地被视为儒家贯彻其思想的抓手，成为儒家表达政治观点的重要支撑。“‘天下’更被视为是儒家的道统的载体。”④ 秦汉统一的多民族国家的形成和发展，离不开“以德治国”原则的贯穿。连施法严苛的秦朝，也有许多关于“德”的强调。秦始皇曾登临罘山，留下罘山石碑，碑文中写道：“大圣作治，建定法度，显著纲纪。外教诸侯，光施文惠，

---

① 罗新慧：《周代的信仰：天、帝、祖先》，上海古籍出版社 2023 年版，第 37 页。

② 罗新慧：《周代的信仰：天、帝、祖先》，上海古籍出版社 2023 年版，第 43 页。

③ 王中江：《宇宙、天下和自我：早期中国的世界观》，中国人民大学出版社 2023 年版，第 422 页。

④ 干春松：《儒学概论》，中国人民大学出版社 2009 年版，第 249 页。

明以义理。”[①] 秦始皇到碣石，也留下了碣石碑文，其中写道：“皇帝奋威，德并诸侯，初一泰平。”[②] 这里面强调“文”“德”等，说明在统治者意识中“德”的重要性。汉承秦制外，汉朝更加注重运用儒家思想去治国，在任用贤良、采用儒术、重视农桑、发展生产等方面制定政策。古人在很早的时候就提出“天下为公”的观点：“大道之行也，天下为公，选贤与能，讲信修睦。”[③] 这是儒家对国家建设、天下秩序的一种理解，虽然具有理想化的情怀，但是为未来政治目标的实现提供了一个参考。“‘天下为公’意味着对于血缘伦理的超越，人就会爱亲戚和子女以外的人。每个人都在共同体中找到适合自己的位置，而共同体也会给每个成员提供生养的保障。在一个诚信和睦的社会，人人会尽力服务社会，共享公共财物，维护社会秩序。”[④] 在“天下为公”目标实现过程中，注重国家为每个个体提供基本保障和良好环境，同时，每个个体也都要为平等公平世界目标的实现贡献自己的力量。“天下为公”的理念帮助统治者在处理不同族群、不同群体、不同地域的纠纷和问题时，能够秉持公心，着力提供优质的保障服务，让治下的百姓不仅能够拥有富足的生活，而且能够在精神层面感到惬意和舒适。儒家除了在价值目标方面提出设想之外，还在个体修身方面提出要求。“古之欲明明德于天下者先治其国，欲治其国者先齐其家，欲齐其家者先修其身，欲修其身者先正其心，欲正其心者先诚其意，欲诚其意者先致其知，致知在格物。物格而后知至，知至而后意诚，意诚而后心正，心正而后

---

① 安平秋：《二十四史全译：史记》（全二册）第一册，汉语大词典出版社 2004 年版，第 79 页。

② 安平秋：《二十四史全译：史记》（全二册）第一册，汉语大词典出版社 2004 年版，第 80 页。

③ 王文锦译解：《礼记译解》，中华书局 2016 年版，第 258 页。

④ 干春松：《公天下与家天下：大同、小康与儒家的社会理想》，四川人民出版社 2022 年版，第 50 页。

身修，身修而后家齐，家齐而后国治，国治而后天下平。"[①]个体修身与天下大治紧密结合起来，充分彰显了个体道德修养提升对于国家建设、天下治理的重要性。在中国统一多民族国家形成和发展过程中，总能看到治世、良世局面出现，这就离不开决策团队的正确决策。正确决策如何给出、实施，决策的团队的道德修养和能力在其中发挥了至关重要的作用。他们能够以出于公心、基于维护百姓利益、维护政权长久稳定的视角去推动决策形成、出台，践行其为政初衷。

二是从地域维度看，天下泛指天所覆盖的区域。天下在较早的历史时期，指向以中原地区为领地的九州。大禹治水之后，划定了行政区，这是其重要业绩。《左传》中引用《虞人之箴》所强调的："茫茫禹迹，画为九州，经启九道。"[②]禹划定九州，被司马迁的《史记》所记录："维禹之功，九州攸同，光唐、虞际，德流苗裔。"[③]从西周青铜器的考古发现中，可以清晰地看到禹的功劳及禹迹对天下疆域的影响。"西周王朝将天下四方视为禹迹，至战国时进一步形成《禹贡》九州体系，从侧面反映夏王朝乃是三代文明的起点。"[④]据《禹贡》记载，禹划定的九州分别是：冀州、兖州、青州、徐州、扬州、荆州、豫州、梁州、雍州。当时，虽然提出了九州，确实也有大片区域，但离理想的"大一统"局面还有差距。不过，九州所表达出的统一思想被后世所承认和继承。"春秋中晚期的金文中，已有将'禹'与'九州'连称的例子了。宋代出土山东临淄齐故城的叔夷钟（《集成》00275~00276）铭文作：'赫赫成唐（汤），

① 王文锦译解：《礼记译解》，中华书局 2016 年版，第 805—806 页。

② 王守谦、金秀珍、王凤春译注：《左传全译》，贵州人民出版社 1990 年版，第 770 页。

③ 安平秋：《二十四史全译：史记》（全二册）第二册，汉语大词典出版社 2004 年版，第 1558 页。

④ 中国历史研究院：《中华文明史简明读本：全二册》上册，中国社会科学出版社 2024 年版，第 66 页。

又（有）敢在帝所，尃（溥）受天命，……咸有九州，处禹之堵（土）。’在商人后裔的追述中，禹被尊崇，成汤也是立国于‘九州禹土’之上的。这里的‘九州禹土’仍是作为大略的概念出现，似表示出与‘天下’相同的意义。”[①]禹九州对国家统一的影响被逐渐接受，从某种意义上来说，也是一种进步。《诗经》中有这样一段话：“溥天之下，莫非王土。率土之滨，莫非王臣。”[②]在这里，“天下”与王权得以紧密联系；从更深处来看，王权不仅是一种理论，还是可以管辖实际的地理空间。“但在更为具体的表述中，天下往往与‘中国’重合，有时候也包括围绕着‘中国’的‘四夷’。”[③]古代社会，有聚落、城墙、防卫设施的地方就能简单地称之为“国”。出现诸多的国，必有一个最为重要、居于中心的国，且是最高统治者居住之地，这就被理解为“中国”。“中国”二字最早出现在3000年前铸造的西周青铜器何尊的铭文中。何尊铭文12行122个字。何尊铭文讲述的是周成王告诫贵族何要效法先辈效忠周王朝。何尊铭文中提到“中国”二字：“余其宅兹中国，自之乂民。”[④]周成王按照周武王之意，打算在伊洛（洛阳）一带营建成周。伊洛是当时疆域的中心，在此营建成周，可以更好地经营东土、震慑东夷、治理天下。“为加强对殷商故地的治理，周公在当时人们认为的‘天下之中’营建新都洛邑，即‘宅兹中国’，作为东方诸侯朝见周王和缴纳贡赋的东都洛邑是周朝的东方政治经济中心，也被称为‘成周’。”[⑤]这里的“中国”初指洛阳一带。战国时期秦国谋臣范雎进言秦昭王：“今夫韩、魏，中国之处而天下之枢也，王其欲霸，必亲中国以为

① 杨博：《史之阙文：出土简牍与战国秦汉社会》，上海古籍出版社2024年版，第73—74页。

② 袁愈荌译诗：《诗经全译》，贵州人民出版社1991年版，第297页。

③ 干春松：《儒学与中国社会十五讲》，北京大学出版社2023年版，第166—167页。

④ 中国历史研究院：《十件文物里的中国故事》，中国社会科学出版社2022年版，第105页。

⑤ 本书编写组：《中华民族共同体概论》，高等教育出版社2023年版，第66页。

天下枢，以威楚、赵。”[①]这里的“中国”是指韩、魏二国所在地。等到秦始皇统一六国，“中国”由过去的“中心之国”被扩充为整个国家辖区范围内的领土。“地东至海暨朝鲜，西至临洮、羌中，南至北向户，北据河为塞，并阴山至辽东。”[②]在这么宽阔的疆域下着力推行郡县制，使得“中国”有了更加充实的内容。“分天下以为三十六郡，郡置守、尉、监。”[③]“今皇帝并一海内，以为郡县，天下和平。”[④]统一的多民族国家的基础在秦朝统一后初步奠定，到汉朝持续巩固和发展。

三是从制度维度看，天下是指一种秩序观念。“与人伦秩序上存在的‘差序格局’相一致，在地理上也存在着根据与王畿的距离远近而确立的权力和义务关系的差等性结构。”[⑤]古代五服、九服制度在天下范围内推行，这就是一种秩序观念的体现。《国语》中有如下记载：“邦内甸服，邦外侯服，侯卫绥服，夷蛮要服，戎狄荒服。”[⑥]《周礼》在“五服”基础上扩展为“九服”：侯服、甸服、男服、采服、卫服、蛮服、夷服、镇服、藩服。五服、九服没有改变中心向边缘延伸的空间结构，没有改变依据此空间结构而展示出文明等级逐渐降低的趋势，这是隐藏在概念之后的深刻含义。“将‘天下’分为‘五服’，就是通过血缘的亲疏以表现‘天下’内部的政治关系。这种思想，主要体现在各个王

---

① 安平秋：《二十四史全译：史记》（全二册）第二册，汉语大词典出版社 2004 年版，第 1038 页。

② 安平秋：《二十四史全译：史记》（全二册）第一册，汉语大词典出版社 2004 年版，第 76 页。

③ 安平秋：《二十四史全译：史记》（全二册）第一册，汉语大词典出版社 2004 年版，第 76 页。

④ 安平秋：《二十四史全译：史记》（全二册）第一册，汉语大词典出版社 2004 年版，第 78 页。

⑤ 干春松：《儒学与中国社会十五讲》，北京大学出版社 2023 年版，第 167 页。

⑥ ［日］王柯：《从“天下”国家到民族国家：历史中国的认知与实践》，上海人民出版社 2020 年版，第 21 页。

朝成立之初以血缘关系为基本原则进行分封的制度上。”[①] 五服、九服对天下秩序的构建和设计，与九州地理面积对天下的划分和构建，是两个不同维度上的对天下的理解和把握。“上述‘九州’系统是集合九个不同的地理区域并将其作为一个整体，而‘五服’‘九服’的领域观念则是分等级的由中心向周边重层式展开。”[②]“五服”“九服”的内容，具体来讲，是以天子居住的领地，每500里为1个“服”的行政单位，向外扩展。“在经典的封建原则中，天子居于王畿，而按血缘的远近和军功的大小，国戚功臣们受封不同的爵位并获得相应的封地和配置行政人员。这种政治格局的核心是要突出天子的地位，由此确立的天下秩序，可能会接近‘中心—边缘’的金字塔型结构。”[③] 随着考古学的进展和发现，一些学者开始探讨五服说的实际运用，给人以新的启迪。“二里头文化核心区的二里头类型异常强势，在其强烈影响下中国大部地区文化交融联系成四个层次的相对的文化共同体，形成更大范围的以中原为核心的文化意义上的早期中国。其第一个层次郑洛核心区即王畿区，第二个层次也就是核心区之外的二里头文化分布区或即甸服、侯服区，第三个层次也就是周围的黄河下游、长江下游、长江上游、北方地区和东北地区诸文化或即要服、荒服区。这当中二里头文化即夏文化分布区大体为豫州，其余周围文化大体对应冀、兖、青、徐、扬、荆、梁、雍各州。其中岳石文化即东夷文化分布区大致对应青、兖州，斗鸡台文化即淮夷文化分布区大致对应徐州。或许九州五服制肇始于夏朝初年，形成于夏朝晚期，延续至商代，而成熟于西周。”[④] 当然，关于五服、九服的阐释或描述有可能是后世儒家对前朝政治的一种理想化表达。不过，在

---

① ［日］王柯：《从“天下”国家到民族国家：历史中国的认知与实践》，上海人民出版社2020年版，第19页。

② 杨博：《史之阙文：出土简牍与战国秦汉社会》，上海古籍出版社2024年版，第82页。

③ 干春松：《儒学与中国社会十五讲》，北京大学出版社2023年版，第167页。

④ 韩建业：《早期中国：中国文化圈的形成和发展》，上海古籍出版社2020年版，第251页。

一定程度上，这些论述也反映了商周时期内外服体制的构建过程。“商王朝对中国早期政治文明的最大贡献，是实施内外服政体，即商王直接统治以都城为中心的核心地域，被称为内服；诸侯则驻守拱卫于外，守护王朝边域，被称为外服。”[①] 内服王官承担王朝祭祀、从事农垦、营建商王寝宫、贡纳物资、军事决策等重要职责；外服诸侯多承担对外征伐、抵御外患等工作。内服王官与外服诸侯之间的关系，从某种程度上还表现为当时中央和地方的关系，既有契约责任内容，又有相对自由裁量的空间。从留存下来的卜辞中可以看到一些独特的称谓，反映了商王对地方势力首领的控制程度。当然，地方势力在很大程度上也有自己的自治权。“中央对地方的控制，加上地方享有的相对的自治权，这应该说就是商朝国家结构的基本特征。”[②] 在内服王官决策，外服诸侯政策执行情况下，对未归顺的异族邦伯势力进行多种方式的招抚，使其转化为王朝体系中的组成部分。“武力征服并不时加以戒劝诰教、辅以威慑，应是整个夏商周时期中心王朝对异族邦伯势力的一种重要控制手段。”[③] 内外服体制发端于商朝之前，生成于商朝，兴盛于西周，是“天下”秩序下治理王朝的重要方式。

“天下观”是中华优秀传统文化中的重要内容，反映了中国人独特的宇宙观和世界观。“天下观”的深刻内涵，不仅反映了古人的思想智慧，而且彰显了古人为构建一个相对公正的社会秩序而努力的信心和决心。“天下观”直接影响了中国历史上的政治实践，成为巩固统一的多民族国家的思想基础。“天下观”所倡导的“天下为公”“天下一家”等理念，反映了中国人的独特创造，彰显了中华文化的自主建构精神，为当前国家治理、全球治理提供了历史文化镜鉴。

---

① 中国历史研究院:《中华文明史简明读本：全二册》上册，中国社会科学出版社 2024 年版，第 83 页。

② 谢维扬:《中国早期国家（增订版）》，上海古籍出版社 2024 年版，第 332 页。

③ 王坤鹏:《越在外服：殷商西周时期的邦伯研究》，商务印书馆 2022 年版，第 140 页。

二

把握中华文明『五个突出特性』铸牢中华民族共同体意识

中华文明五大突出特性视角下的铸牢中华民族共同体意识

习近平总书记在文化传承发展座谈会上的讲话中提出了中华文明五大突出特性，分别是连续性、创新性、统一性、包容性及和平性。这对于理解中华文明、传承中华优秀传统文化、铸牢中华民族共同体意识具有重要意义。从中华文明五大突出特性视角分析铸牢中华民族共同体意识，能够展示出铸牢中华民族共同体意识的深厚历史文化底蕴。

首先来看连续性。习近平总书记指出："中华文明是世界上唯一绵延不断且以国家形态发展至今的伟大文明。"中华文明是世界文明古国中唯一一个没有干涸、断流的文明，这种历史、文化、文明的延续性塑造了中华民族的伟大品格和国家精神。

早在5000多年以前，从北到南出现较大的具有文明形态的部落，在各自区域内形成共同的信仰、不同分工和调配资源、发展经济的模式，包括西辽河流域的红山文化、黄河流域的大汶口文化、长江流域的良渚文化等。随着社会发展与历史演进，中原地区在种植、养殖、冶金等方面走在当时的时代前列，成功聚合了四方文化、思想和民俗，催发了华夏民族的诞生和发展。中原地区部落联盟的首领黄帝因其善用人才、敢于放权、德法兼用、创造文字，部落治理方面出现了兴盛局面。黄帝成了五方共主，也是中华民族的人文始祖。中原文明到禹时期，被进一步发扬光大。禹因治水有功而继位，构建了稳定的政治秩序，实现了“九州攸同”的目标，由此开启了夏朝发展的历史进程。

夏朝疆域包括今天的河南中部、北部和山西南部。夏时期进一步提高了农业技术水平，青铜手工业和制陶业得到初步发展。长期居住在黄河下游地区的商族逐渐发展起来，代夏而立，建立商朝。商朝疆域范围更大，以河南北部和山东西部为中心，西及陕西西部，北及河北北部，南到两湖北部，东到大海。商朝国力强盛，不仅实现了社会稳定，还与周边不同族群实现了友好交往融合，正如《诗经》中所描绘的状态：“西有成汤，自彼氐羌，莫敢不来享，莫敢不来王，曰商是常。”① 商朝的青铜冶炼铸造技术水平很高，彰显出古代劳动人民的伟大智慧。能够代表商朝文明的是甲骨文，这些刻在龟甲、兽骨上的文字，多反映占卜之事，成为了解商朝社会特征的重要资料，也是传承文明和民族精神的重要纽带。商朝后期，政治腐朽、统治残暴，生活在渭水流域的周人最终代商而建立周朝，史称西周。西周建立后，疆域西到今甘肃东部，东到海滨，南到淮水流域，北到今河北北部。西周在全国推行世袭制和分封制，宗法制度、礼乐制度兴盛一时，为安定的统一秩序提供了保障。

春秋战国时期，虽然礼乐崩坏，却在客观上加速了不同族群和国家之间的交往交流交融，使得经周制定的以礼乐文明为核心的中华文化不断辐射四方，为秦的统一奠定了思想文化基础。秦始皇统一六国，让一统局面得以在秦制规范下存续。《礼记》中概括当时的改革举措：“今天下，车同轨，书同文，行同伦。”② 正如文化史学者冯天瑜在《周制与秦制》中所强调的：“经济、政治、文化、伦理上的联合乃至同一，在秦代初步完成。”③ 秦朝加强中央集权，推行三公九卿制和郡县制，辅之以统一的文字和便利的交通，以及勤勉的基层官员，

① 袁愈荌译诗：《诗经全译》，贵州人民出版社 1992 年版，第 495 页。
② 王文锦译解：《礼记译解》，中华书局 2016 年版，第 711 页。
③ 冯天瑜：《周制与秦制》，商务印书馆 2024 年版，第 266 页。

使得朝廷政策很快得以贯彻落实到基层，统一的政策覆盖不同地区和族群。

汉朝建立后，有“汉承秦制”之谓。汉朝经休养生息后，国力逐渐恢复和发展，出现“文景之治”的治世景象。史学家司马迁在汉武帝时期完成了居《二十四史》之首的《史记》，记载了上至传说时代的黄帝，下迄汉武帝时期3000多年的中国历史，为传承历史、弘扬中华文化作出了重大贡献。司马迁在《史记》中所创立的体例，被后世史家所继承。故清代史学家赵翼在《廿二史札记》中强调：“自此例一定，历代作史者遂不能出其范围，信史家之极则也。”[①] 后朝修前朝历史，遂成为定例，包括少数民族政权入主中原亦继承了这一传统，这为历史传承留下了宝贵的书面记录。汉朝之后，虽经魏晋南北朝、隋唐、宋元、明清等朝代更替，中华文明却得以不断传承和更新。

其次来看创新性。习近平总书记指出：“中华文明是革故鼎新、辉光日新的文明，静水深流与波澜壮阔交织。”中国人自古就有创新变革的精神和勇气。《诗经·大雅·文王》中强调：“周虽旧邦，其命维新。”[②] 只有创新，方能推动社会进步，国家才会蒸蒸日上。

战国时期秦国的商鞅通过变法，让秦走上了富强之路，为其日后统一六国奠定了坚实的基础。秦始皇统一六国后，诸多举措，皆有所创新。其中统一文字便是典型之例。中华民族从文字溯源来看，虽有统一的范本，但经春秋、战国洗礼，各国长期各自为政，各国文字日渐不同，互相之间交流便成了问题。《说文解字》中谈到这种情况，将其概括为“言语异声，文字异形”。秦始皇统一六国后，委派李斯统一文字，解决了文字不统一的问题。李斯以秦国文字为基础，参照过去六国文字，制定出“秦篆”，并将其推行至全国，为方便交流、实现文化认同奠定了扎实基础。

---

① （清）赵翼：《廿二史劄记校证》，中华书局2013年版，第3页。

② 袁愈荌译诗：《诗经全译》，贵州人民出版社1992年版，第351页。

元朝大力发展棉纺织业，之所以能够出现兴盛景象，离不开黄道婆的技术革新。松江府乌泥泾镇人的黄道婆早年出逃到海南崖州。崖州的黎族人民擅长棉纺织技术，所生产的棉纺织品闻名内地。黄道婆虚心地向黎族人民学习，掌握了先进的棉纺织技术。数十年后，黄道婆回到乌泥泾。她在已经学到的成熟的棉纺织技术的基础上，结合当地棉纺织实际，改进和创新了生产工具与纺织技术，提高了棉纺织业的生产效率和产品质量。在她的影响和带动之下，当地百姓从事棉纺织业的人数不断增加。松江地区也成为全国棉纺织业的中心。

明朝进一步健全茶马贸易制度，加强边疆地区和内地的经贸联系。明初在洮州等地设立茶马司，管理西北地区的茶马贸易。国家重视管理茶马贸易，以茶易马、以马易茶，促进了内地与藏族居住区之间的物资交流。因茶马贸易回报丰厚，故仍有不少人冒着风险私自参与。弘治年间，官员杨一清根据实际情况，作了政策调整，开创出“官督商运”“官督商销”新模式，在保障官府利益前提下，引入商人群体，进一步促进了茶马贸易的活跃与繁荣，对于互通有无、满足经济和生活需求、加强不同族群之间的理解和交流，发挥了十分重要的作用。

元朝、明朝在西南少数民族地区推行土司制度，任用当地少数民族首领，管理少数民族地区。土司制度推行过程中，因其世袭原因，这些土司虽是朝廷命官，却往往容易在其辖区形成“独立王国”，这不仅会加重对百姓的盘剥，甚至会不服从中央政府的管理。明朝对土司制度进行改革探索，清朝在改革土司制度方面力度更大，且成效明显。雍正面对土司制度暴露出的各种弊端，大力支持鄂尔泰在西南部分地区推行改土归流政策，由此促进了少数民族地区的开发，加强了中央对边疆地区的管理。

再次来看统一性。习近平总书记指出：“中华文明长期的大一统传统，形成了多元一体、团结集中的统一性。”“大一统”思想对中国这样一个统一的多民族国家的形成产生了深刻影响，这种影响涉及政治、经济、文化等各个方面，确保了国家统一、经济繁荣、百姓安居乐业。

《春秋公羊传》中首次提到“大一统”这个概念：“何言乎王正月？大一统也。”[①]秦始皇统一六国，推行各项举措，巩固了“大一统”局面。继承秦朝制度的汉朝，重视农耕，发展经济，让百姓安居乐业，让“大一统”有了更为坚固的基础和充实的内容。汉儒董仲舒提出：“《春秋》大一统者，天地之常经，古今之通谊也。”[②]汉武帝采纳了他的建议，让“罢黜百家，独尊儒术”的思想成为治国的正统思想，为“大一统”提供了理论指导。南北朝民族大融合时期，不同民族出身的统治者，皆以追求“大一统”为旨归。氐族出身的前秦皇帝苻坚有着“大一统”的使命感，提出了“黎元应抚，夷狄应和，方将混六合以一家，同有形于赤子”[③]的观点。鲜卑族出身的北魏道武帝拓跋珪提出了“天下分裂，诸华乏主。民俗虽殊，抚之在德，故躬率六军，扫平中土，凶逆荡除，遐迩率服”[④]的目标。南朝宋开国君主刘裕在即位时就明确了实现天下一统的目标：“殊俗慕义，重译来庭，正朔所暨，咸服声教。”[⑤]南朝陈开国君主陈霸先有“一匡天下，再造黔黎”[⑥]的政治理想。

隋唐时期，“大一统”观念深入人心。隋文帝结束了分裂局面，完成了国家统一大业。他在诏书中指出：“魏末丧乱，宇县瓜分，役军岁动，未遑休息。兵士军人，权置坊府，南征北伐，居处无定，家无万堵，地罕包桑，恒为流

---

① 梅桐生译注：《春秋公羊传全译》，贵州人民出版社 1998 年版，第 13 页。

② 安平秋、张传玺：《二十四史全译：汉书》（全三册）第二册，汉语大词典出版社 2004 年版，第 1208 页。

③ 许嘉璐：《二十四史全译：晋书》（全四册）第四册，汉语大词典出版社 2004 年版，第 2489 页。

④ 周国林：《二十四史全译：魏书》（全四册）第一册，汉语大词典出版社 2004 年版，第 26 页。

⑤ 杨忠：《二十四史全译：宋书》（全三册）第一册，汉语大词典出版社 2004 年版，第 45 页。

⑥ 杨忠：《二十四史全译：陈书》（全一册），汉语大词典出版社 2004 年版，第 32 页。

寓之人，竟无乡里之号，朕甚愍之。”[①] 经隋文帝治理，国力逐渐恢复、走向兴盛。唐朝建立后，统治者能够做到轻徭薄赋、奖励垦荒、发展文教事业，经济迅速恢复和发展，出现了“贞观之治”，有力地巩固了“大一统”的成果，百姓获得丰收，海内实现康宁。

忽必烈即位后，定国号为“中统”，取“中朝正统”之义。1271 年，忽必烈定国号“大元”，取《易经》中“大哉乾元”之义。元代大儒郝经在《立政议》中劝勉忽必烈要继承前世有为之君的良好传统，继续开创一个稳定有序的“大一统”局面：“今有汉、唐之地而加大，有汉、唐之民而加多，虽不能便如汉、唐，为元魏、金源之治亦可也。恭惟皇帝陛下，睿禀仁慈，天锡智勇，喜衣冠，崇礼让，爱养中国，有志于为治，而为豪杰所归，生民所望久矣。但断然有为，存典章，立纲纪，以安天下之器，不为苟且一时之计，奋扬乾纲，应天革命，进退黜陟，使各厌伏，天下不劳而治也。”[②] 随着元朝统一大业的完成，“大一统”局面逐渐形成。在“大一统”局面下，南北经济交流、贸易发展得到保障，促进了农业生产，加强了各族人民之间的联系。《重修社稷坛记》中这样评价元朝的“大一统”局面：“有元混一区宇，修礼教报本，风俗淳厚，治定功成。自历代以来混一之盛，未有盛于今日者。”[③]

朱元璋对“大一统”情有独钟。他在洪武二年（1369 年）正月的一次讲话中指出：“今天下大势，十定其九，南北混一有期。”[④] 随着统一大业的逐步完成，朱元璋所期待的“大一统”局面逐渐形成。明英宗在《明一统志序》中指

① 孙雍长：《二十四史全译：隋书》（全二册）第一册，汉语大词典出版社 2004 年版，第 30 页。

② 张进德、田同旭编年校笺：《郝经集编年校笺》（全二册）下册，人民文学出版社 2018 年版，第 840 页。

③ 安介生：《中国历史民族地理》（全二册）下册，齐鲁书社 2024 年版，第 569 页。

④ （明）朱元璋：《明太祖集》，黄山书社 2014 年版，第 5 页。

出，“朕惟我太祖高皇帝受天明命，混一天下，薄海内外，悉入版图”[①]。明初，名臣刘基上《大统历》，寓意深远。《留青日札》中对《大统历》进行了阐释：“《大统历》者，取春秋大一统之义以名历也。”[②] 明初文臣之首宋濂在《洪武圣政记序》中高度评价朱元璋在“大一统”局面初步形成之始而具有的治政之态：“迨夫正天位，朝万国，孳孳图治，恒若不足。”[③]

清朝“大一统”局面的形成和巩固，对于融合族群、发展经济、提高国力具有重要影响。清人指出：“三代之时，其所谓夷蛮戎狄者，大抵皆在今行省域内，而先王犹于其礼俗竞竞焉不敢强为大同。盖迟之二三千年而糅合种类，一道同风之效，始著于今日。”[④]

从次来看包容性。习近平总书记指出：“中华文明从来不用单一文化代替多元文化，而是由多元文化汇聚成共同文化，化解冲突，凝聚共识。”中华文明中的包容性因子，塑造了中华民族包容万千的气质。

秦汉时期，因国家统一、经济发展，安定的秩序和生活为人们斑斓的乐舞发展提供了环境和条件。秦始皇统一六国后，古朴的“秦声”让位于东方的《郑》《卫》之乐。汉高祖建立汉朝后，楚歌楚舞风靡一时。汉代的《七盘舞》，不仅做到了盘、鼓结合，而且还做到了乐、舞结合。自从张骞通西域开辟丝绸之路后，中原的丝绸、茶叶、凿井技术等传到西域、中亚，甚至欧洲；西域、中亚的军马、苜蓿、葡萄、核桃及罗马的玻璃等传入中国。开放包容的气象让秦汉雄风更加令人信服。

唐朝国力雄厚，展示出了涵盖万宇的胸襟与气魄。当时长安是国际化的大都市，既有来自不同族群、不同国家的人居住，又有各种各样的文化存在。贞

---

① 安介生：《中国历史民族地理》（全二册）下册，齐鲁书社 2024 年版，第 574—575 页。

② （明）田艺蘅：《留青日札》（全二册）上册，浙江古籍出版社 2012 年版，第 174 页。

③ （明）宋濂：《宋濂全集》（全八册）第三册，浙江古籍出版社 2014 年版，第 1119 页。

④ 安介生：《中国历史民族地理》（全二册）下册，齐鲁书社 2024 年版，第 708 页。

观初期，一次性居住在长安的突厥人就有近万户。波斯常派使者来长安，深化互动关系。波斯商人来长安等地经商和生活。日本派来大批遣唐使，加强文化交流。日本僧人阿倍仲麻吕在中国长期居住，与诗人李白、王维结下深厚友谊。大食的优良马、龙脑香、宝刀等源源不断输送到长安，唐朝的造纸术和丝织品经大食传到西亚、欧洲。唐朝人的衣食住行具有多样性、开放性、世界性。从穿衣方面来看，既有中原人传统的穿衣习惯，又盛行胡服、胡装、胡帽、胡靴等。从饮食方面来看，种类众多，胡饼、馄饨、葫芦鸡等各类食品应有尽有。从住的方面来看，有气势恢宏的宫殿，还有设计独特的四合院。从行的方面来看，有驾车的，有骑马的；每逢春季，无论是王公贵族还是庶民男女，均乘车跨马，郊游踏青。

明朝在风俗方面，坚持多样化原则，允许不同族群的风俗、不同类型的风俗并存。明朝的节日很多，类型丰富，包括元宵节、龙头节、清明节、端午节、乞巧节、中秋节、重阳节、腊八节、除夕等。杂技百戏、博弈等走入民间百姓生活。清朝作为中国多民族国家的最后王朝，在社会风俗方面，起到了多元并存、和而不同的传承作用。满族的升摇车、跨马鞍等习俗得到了倡导和推广。汉族的放爆竹、闹元宵、观花灯、赏月吃月饼等习俗也得到传承，且浸润在宫廷贵族和基层百姓生活之中。清朝比较常见的习俗还有蒙古族的相扑、马术表演，回族的爬竿、顶杠转碗、走杠等。

最后来看和平性。习近平总书记指出：“和平、和睦、和谐是中华文明五千多年来一直传承的理念，主张以道德秩序构造一个群己合一的世界，在人己关系中以他人为重。”在古代中国，“和合”思想源远流长。《论语》中指出：“礼之用，和为贵。”[①]通过“和合”理念的运用，邻里关系实现了和谐的目标，不同族群实现了和睦相处，不同国家实现了和平相待。

---

① 杨伯峻译注：《论语译注》，中华书局2012年版，第10页。

春秋时期，各诸侯国间战乱不断，致使百姓流离失所、民不聊生。当时，晋、楚两大强国争霸，许多诸侯国被迫卷入战争。为了解决争端，消除战争带来的祸患，宋国大夫向戌倡议“弭兵运动”，晋、楚、齐、秦、鲁等 14 个国家积极响应。这些国家会盟于宋国，达成和平共识。此次“弭兵运动”后，晋、楚两国数十年未发生战争，其他诸侯国战争也很少。这就是通过“和合”思想的运用，达成了和平共识目的。

汉唐常采取“和亲”政策，与周边少数民族政权积极互动，友好往来，避免了由对峙演化为冲突的可能，创造了许多民族团结的历史佳话。汉朝的昭君出塞，成为汉匈关系缓和的标志性事件。汉元帝派宫女王昭君和亲匈奴呼韩邪单于，在此后数十年间，汉匈没有发生过战争，保持了和平的态势，出现了“人民炽盛、牛马布野”的繁荣景象。包头市出土的“单于和亲”瓦当，作为房屋装饰构件，是为了纪念西汉与匈奴和亲的历史文物，是汉匈互动交融的生动再现。唐朝在国力强盛时期，仍然实施与周边少数民族政权首领进行和亲的政策，彰显出自信的气魄与和平相处的决心。唐太宗时期，青藏高原吐蕃政权首领松赞干布请婚于唐太宗。贞观十五年（641 年），唐太宗遣文成公主入藏，与松赞干布成亲，促成了唐朝与吐蕃相当长一段时间和睦相处的局面。文成公主入藏，带去了中原文化、制农技术和手工技艺，加强了中原与西藏地区的联系与往来。历史上的“和亲”政策本质上也是“和合”的生动体现。

元朝建立后，统治者能够从安定社会秩序角度去看待和发展农业，这也是一种“和合”思想的延续和运用。元世祖忽必烈曾指出：“昔我国家出征，所获城邑，即委而去之，未尝置兵戍守，以此连年征伐不息。夫争国家者，取其土地人民而已，虽得其地而无民，其谁与居。今欲保守新附城壁，使百姓安业力农，蒙古人未之知也。尔熟知其事，宜加勉旃。”[①]元朝在处理周边关系中，传承了中华文化中修德的思想，希望与周边国家和地区实现和平相处。元朝地理学家汪大渊在《岛夷志后序》中写道：“皇元混一声教，无远弗届，区宇之广，旷古所未闻。海外岛夷无虑数千国，莫不执玉贡琛，以修民职，梯山航海，以通互市。中国之往复商贩于殊庭异域之中者，如东西州焉。”[②]

明太祖朱元璋在对内、对外关系处理中，坚持“和合”原则，强化政治秩序稳定。朱元璋在《谕云南诏》中强调了明朝的政策“绝无强凌弱、众暴寡”[③]，希望云南地方力量最终能够顺势而为，“共享和平之福”[④]。朱元璋在《谕安南国王诏》中指出：“今朕统天下，惟愿民安而已，无强凌弱、众暴寡之为，安南新王自当高枕，无虑加兵也。”[⑤]明初，在自身国力强大的前提下，不选择主动入侵他国，彰显明朝追求和平的努力和其背后的诚信精神。

中华文明的连续性、创新性、统一性、包容性、和平性五大突出特性，是中华文明的鲜明品格与重要特征，彰显了中华文明厚重的历史底蕴和文化积累，推动着中华民族生生不息、绵延发展。中华文明五大突出特性在当代中国，为推动文化繁荣、建设文化强国、建设中华民族现代文明这一新的文化使命的践行注入了源头活水。

---

① 李修生：《二十四史全译：元史》（全六册）第一册，汉语大词典出版社 2004 年版，第 131 页。

② 安介生：《中国历史民族地理》（全二册）下册，齐鲁书社 2024 年版，第 568 页。

③ （明）朱元璋：《明太祖集》，黄山书社 2014 年版，第 24 页。

④ （明）朱元璋：《明太祖集》，黄山书社 2014 年版，第 24 页。

⑤ （明）朱元璋：《明太祖集》，黄山书社 2014 年版，第 21 页。

“和合”思想在中华文明中的价值

中华优秀传统文化博大精深，内容极其丰富。其中“和合”思想是重要组成部分。“和合”思想从某种程度上能反映中国人独特的思维方式，也是中华文化的基本精神理念之一。“和合”思想在长期历史发展中，不仅有着深厚的积淀，还存在大量的应用和实践，这些应用和实践丰富了这一思想的内容。

1．保合太和

古代中国是农业社会。“农业文明重视自然节律，主张顺应自然，这种精神造就了中国文化顺天守时、天人合一的哲学，同时也塑造了中国文化崇尚和平、讲求中庸之道的文化性格。”[①]《周易》中指出：“保合大和，乃利贞。”[②] 这里的“大和”就是“太和”之意，指的是太和之气。这句话意在强调要尊重规律、敬畏自然，保持冲和之气，才可能有利于正道，进而确保万物育生、万国宁安。“太和”内涵十分丰富。“太和，指冲和之气，即四时之气谐调，无疾风暴雨旱涝灾害。”[③]“保合太和”是指能够保全或保持冲和之气，方能修成正果或达到某种功效。这就启示人们，有包容之心，方有包容气象，方见包容状

---

① 刘丰：《保合太和：中华文明突出的和平性》，浙江古籍出版社 2024 年版，第 14 页。

② 杨天才、张善文译注：《周易》，中华书局 2011 年版，第 6 页。

③ 周振甫译注：《周易译注》，中华书局 2012 年版，第 4 页。

态，方得包容效果。《国语》中指出：“和实生物，同则不继。”① 不同事物融合、匹配在一起，才能达到平衡，才能促进事物发展变化。这里的“和”体现出中国文化中极强的包容性。正是有此包容性，方成就了中华文化和中华文明的灿烂辉煌。

历史上，秦汉文化之所以能够璀璨、闻名于一时，在于施政过程中坚持并运用了“和”精神上的包容性。秦始皇统一六国后，全国各地地域文化仍然存在差异，甚至在交流方面存在一定的障碍。秦朝颁布了一系列巩固“大一统”局面的政策，将过去的关中文化、齐鲁文化、楚文化等文化类型进行了整合，融合成了一种国家整体文化。这种国家整体文化不是对地方文化的去除，而是经重新塑造后形成的一种新的文化类型。这种“大一统”视角下的整体文化类型仍然能够看到对各类文化的包容兼续的用心。汉承秦制，汉朝在秦朝基础上，继续致力于文化一统，最终得以完成这一目标。汉朝形成“大一统”的文化目标，其包容性特征始终存在，这一特征也是促成汉朝文化兴盛的重要原因。《汉书》中对汉武帝时繁盛的文化景象有这样的描述：“是以兴造功业，制度遗文，后世莫及。”② 形成这种局面的原因在于汉武帝营造出尊重不同出身的人才且坚持为其提供发展平台的氛围。不同出身、不同主张且具有不同才华的人在这种氛围中愿意为朝廷出力，且以出力为荣：“群士慕向，异人并出。”③

2. 贵和尚中

古人从“中”的视角分析和阐释“和”。《礼记·中庸》中写道：“喜怒哀

① 张岱年、方克立：《中国文化概论》，北京师范大学出版社 2004 年版，第 293 页。

② 安平秋、张传玺：《二十四史全译：汉书》（全三册）第二册，汉语大词典出版社 2004 年版，第 1248 页。

③ 安平秋、张传玺：《二十四史全译：汉书》（全三册）第二册，汉语大词典出版社 2004 年版，第 1247 页。

乐之未发谓之中，发而皆中节谓之和。中也者，天下之大本也；和也者，天下之达道也。致中和，天地位焉，万物育焉。”[①] 对“中和”思想的倡导，是儒家的基本精神之一。人的感情在表现出来之前，是保持一种状态；等到感情表现出来之后，会有诸多形态，而使得诸多形态处于一种相宜的状态或情形，这就是“和”的价值和作用。《礼记·乐记》中讲道：“是故先王之情性，稽之度数，制之礼仪，合生气之和，道五常之行，使之阳而不散，阴而不密，刚气不怒，柔气不慑，四畅交于中而发作于外，皆安其位而不相夺也。”[②] 通过作“乐”来表达“和”的价值，揭示其在节制人的欲望、塑造人的性格等方面的作用。

春秋战国时期，战争频仍，百姓深受其害。如何能够实现止戈停战的目标，除了形成“大一统”的局面外，还有一条路径就是要在国家之间设立交流通道，以期通过沟通，达成共识。“和宁，礼之用也。”[③] 儒家认为，只有各国施仁政，致力于发展生产、让百姓安业，以礼对待其他国家，方能实现“和宁”的目标。

儒家又将“和”与“中庸”联系在一起去分析和解决问题。所谓“中庸”，是古人的一种认知世界的方法，强调不执于两端，既不“过”，也不“不及”。当然，深入理解和把握“中庸”，剔除折中主义的消极阐释，方能有正确的解读。“贵和尚中”，强调广泛听取各方意见，充分考虑其背后的利益，才能作出合理的决策。尧在位时，军国大事，怎么进行决策呢？我们的头脑中会闪过他一人决断的场景。但是一人决断，容易陷入盲目决策而不自知当中，又不能起到很好地解决问题的作用。对于决策的受众来说，一人决断就存在受“过”或

---

① 王文锦译解：《礼记译解》，中华书局 2016 年版，第 692 页。

② 王文锦译解：《礼记译解》，中华书局 2016 年版，第 484 页。

③ 王文锦译解：《礼记译解》，中华书局 2016 年版，第 845 页。

“不及”两种情况的影响。如何避免这样的现象发生呢？尧通过优化决策机构，广泛听取各方声音，在此基础上作出合理决策。尧时的重要事项，都需在联盟议事会上进行讨论、交流、博弈。联盟议事会成员都是当时各部落酋长、首领或能力出众者，有较高的议事能力，又能代表自己身后部落或群体利益。这就帮助尧在作决策过程中，能够以平和的心态、宽阔的胸襟，听取、采纳各方意见，最终梳理出来一个总政策，然后去执行。这样的决策不仅接地气，能够反映大部分人的想法，在执行过程中还能够得到各方力量的支持。

古代谏官制度，也是“贵和尚中”精神运用的具体体现。封建社会，皇权至高无上。谏官制度的出台和完善，在一定程度上对皇帝和朝廷能够提出富有建设性的意见，优化决策质量，同时，也能起到监督皇权和朝廷的作用。历史上，不乏闻谏则喜的明君和善于谏言、敢于谏言的名臣；不乏闻谏则怒的昏君和善于逢迎拍马的奸佞。唐太宗纳谏改过，常被人所传颂。魏徵告诫唐太宗要做到兼听则明，广泛听取各方意见甚至是尖锐的建议。有的时候，唐太宗虽然生气，但仍然耐心地倾听魏徵的建议，认为其言有理，故能纳之。这就让唐太宗作决策时避免走极端。金世宗为了鼓励大臣能够提出富有建设性的建议，恳切下诏：“朕自即位以来，言事者虽有狂妄，未尝罪之。卿等未尝肯尽言，何也？当言而不言，是相疑也。君臣无疑，则谓之嘉会。事有利害，可竭诚诚言之。朕见缄默不言之人，不欲观之矣。”[①] 从中可见金世宗欲得谏言的迫切心情。当然，也有不纳谏的教训。历史上的周厉王，暴虐无道，国人怨之，召公谏之。周厉王却不纳谏，最后被流放。

---

① 曾枣庄:《二十四史全译：金史》（全三册）第一册，汉语大词典出版社 2004 年版，第 158 页。

3. 协和万邦

古人在遇到军国大事、社会纠纷、基层矛盾等问题时，很多时候，是用“和”的理念去化解和解决的，最终达成和谐共识、形成和谐局面。《尚书·尧典》中对尧的称赞中提到“协和万邦”这个概念：“曰若稽古，帝尧曰放勋，钦明文思安安，允恭克让，光被四表，格于上下。克明俊德，以亲九族。九族既睦，平章百姓。百姓昭明，协和万邦，黎民于变时雍。”[①] 尧通过对“和”的理念的运用，实现了对不同族群、邦国、政权的综合治理，出现了令人称道的谐和局面。

“父子和而家不败，兄弟和而家不分，乡党和而争讼息。”[②] 有了和的意识，不仅能够让家庭和睦、家业兴旺，而且还能够让不同乡党、族群、国家共同走上和平共处的道路。地方乡党，多有矛盾和纠纷，如其不可调和时，必致大打出手。读书人能够以礼待之，以“和”视之，往往能够赢得乡党敬重。564 年，尉迟运出任陇州刺史。陇州地区，民风彪悍、陋俗难治，且有少数民族经常给地方政权制造麻烦。尉迟运摒弃过往武力解决的做法，以“和”待之，垂情抚纳，取得了很好的效果，实现了地方和谐治理。历史上梁国紧邻楚国，梁国有个边境县令叫宋就，在辖区范围内种瓜。紧邻梁国的楚国边境也在种瓜。宋就这边因辛勤种瓜，瓜长得好。楚国边境之兵因懒惰，故其瓜长得不好。楚国嫉妒宋就种的瓜，派人在夜晚破坏了梁国种的瓜。面对破坏，宋就采用“和”的精神来处理。他不仅没有怪罪楚国，还派人在夜中浇灌楚国边境之瓜。楚国这头一看自己的瓜长得越来越好，狐疑之下，经调查发现是梁国帮的忙，遂将此事禀告了楚王。楚王非常感动，以重币结交于梁王。

“和”理念的运用，例子还有许多，其中发生在唐朝的一个例子，让人印

---

① 江灏、钱宗武译注：《今古文尚书全译》，贵州人民出版社 1992 年版，第 14 页。

② 中国国学文化艺术中心组：《处世之道》，中国人民大学出版社 2015 年版，第 121 页。

象深刻。从一份高昌国留存的契约中了解到，当时民众出售土地的内容，反映出唐朝“和”的思想对高昌国日常生活的影响。在土地买卖交易过程中，担心会出现纠纷及由此引发的矛盾冲突，故要通过双方或多方订立契约，来约束契约各主体行为，避免纠纷或矛盾的出现或扩大。“这份契约（541 年高昌的一份契约）直截了当地标明了要出卖的小块土地、其四至边界及其用毛毯表示的价格。‘先和后券’这个惯用语的意思是买卖双方先达成口头协议（和），然后再拟定契约（券）。契约还要预防偶然出现的情况：可能会有一方毁约。下一句强调这是一份私人契约，得到民间的认可与赞同，从而与官方主导下的交易区别开来。”①

古代社会，“和合”思想源远流长。它在协调人与人关系、处理群体与群体关系、解决国与国矛盾等方面，不仅发挥了十分重要的作用，取得了很好的成效，还能成为中华文明的重要组成部分，化为国人文化认同的基因，代代相传，影响至今。

① ［美］韩森：《传统中国日常生活中的协商：中古契约研究》，鲁西奇译，江苏人民出版社 2008 年版，第 24 页。

“睦邻”思想在中华文明中的价值

古代中国，“睦邻”思想源远流长，在中华文明中有着极为重要的地位和价值。在处理与相邻的不同政权、国家和地区之间关系的过程中，采取什么样的方式和手段去面对与处理，显得至关重要。由于中国人有自己独特的宇宙观、世界观，“睦邻”思想就在处理与周边政权、国家和地区关系中发挥了十分重要的作用。当然，在处理与相邻政权、国家和地区关系的过程中，也不乏会用武力等方式，但是和睦相处的思维是占主导地位的。古代中国“睦邻”思想内容丰富，我们从合和万国、平等相待、以诚为本等方面进行剖析，试图勾勒出这些内容在中华文明中的作用和价值。

1. 合和万国

在处理不同族群、不同邦国、不同政权关系的过程中，古人强调“合和”意识。司马迁在《史记》中称赞尧的功绩时强调：“百姓昭明，合和万国。”[①]以和相处，相安无事；以战相待，两败俱伤。只有以“合和”的精神对待邻国邻族，方能实现和平相处，让百姓各安其业。

春秋时期，晋国是大国、强国，面对邻国邻族，不免有大动干戈之心。当时，晋国一个叫魏绛的大臣，这样劝说晋悼公：“诸侯新服，陈新来和，将观

① 安平秋：《二十四史全译：史记》（全二册）第一册，汉语大词典出版社 2004 年版，第 3 页。

于我，我德则睦，否则携贰。”[①] 小的诸侯国都归顺晋国，包括当时的陈国，如若此时发动对诸戎的战争，会影响晋国在诸侯国中的形象。紧接着，魏绛提出了“和戎五利”，深刻阐释了与诸戎和平相处带来的5个方面的益处，包括国家稳定、百姓安居、邻国安心等。晋悼公听从了魏绛的建议，并派遣魏绛同诸戎讲和。思想深处扎根的“睦邻”意识，对于维护自身国家利益、百姓利益和邻国国家利益、百姓利益均具有十分重要的价值。

汉元帝时期，汉朝与匈奴关系趋于和缓。当时有两位大臣，分别是时任车骑都尉韩昌与时任光禄大夫张猛，二人都具有战略眼光。二人与匈奴呼韩邪单于订立盟约，盟约中写道：“自今以来，汉与匈奴合为一家，世世勿得相诈相攻。有窃盗者，相报，行其诛，偿其物；有寇，发兵相助。汉与匈奴敢先背约者，受天不祥。令其世世子孙尽如盟。”[②] 这个盟约，彰显了“睦邻”思想与“和”的理念在汉匈关系中的作用，帮助汉匈进一步深化关系。“韩昌和张猛提出‘汉与匈奴合为一家’的观点，既是对当时汉朝与匈奴关系的基本事实判断，同时又是对未来汉、匈奴关系的一种希冀和理想。”[③]

南北朝时期，南朝政权与北朝政权虽有战争，却也有追求和平目标的史例。南朝齐致力于与北魏政权改善关系，取得了良好效果。齐武帝在诏书中强调：“春頒秋敛，万邦所以惟怀，柔远能迩，兆民所以允殖。”[④] 齐武帝向北魏释放了“睦邻”思想与“和”理念的信号，积极派遣使者出使北魏，改善与北魏的关系。北魏派李彪出使南齐，齐武帝高规格接待。当李彪返回北魏时，齐武帝又亲送之。“南北通好，尝藉使命增国之光，必妙选行人，择其容止可观，

---

① 中国国学文化艺术中心组：《治国之道》，中国人民大学出版社2015年版，第217页。

② 安平秋、张传玺：《二十四史全译：汉书》（全三册）第三册，汉语大词典出版社2004年版，第1893页。

③ 崔明德：《两汉民族关系思想史》，人民出版社2007年版，第167页。

④ 杨忠：《二十四史全译：南齐书》（全一册），汉语大词典出版社2004年版，第46页。

文学优赡者，以充聘使。”① 派使者的时候，还要综合考虑使者的容貌、才华等要素。“自建元三年（481 年）到永明十年（492 年）长达十余年时间里，南齐与北魏基本没有出现过正面冲突，双方交流来往不断，一度出现了‘北怀戎款，南献夷歌。市面晏逸，中外宁和’的良好局面。”②

北魏大臣张普惠有一段经典之言，点出了“和”的理念在处理两国关系中的重要作用：“伏愿辑和万国，以静四疆，混一之期，坐而自至矣。”③ 其中提到的“辑和万国”不正是“合和万国”理念的延续和传承吗？

唐太宗在治理国家的过程中，不仅促使“贞观之治”出现，在东亚国家中，拥有崇高的声望，还被周边少数民族政权首领尊称为“天可汗”。他之所以能够受到如此尊敬，在于能够以“合和”的精神对待邻国，包括小国、弱国。贞观四年（630 年），有人进言说南方林邑蛮国在表疏中流露出对唐朝的不满与不恭，建言对林邑进行打击。唐太宗回答道：“兵者，凶器，不得已而用之。故汉光武云：‘每一发兵，不觉头须为白。’自古以来，穷兵极武，未有不亡者也。苻坚自恃兵强，欲必吞晋室，兴兵百万，一举而亡。隋主亦必欲取高丽，频年劳役，人不胜怨，遂死于匹夫之手。至于颉利，往岁数来侵我国家，部落疲于征役，遂至灭亡。朕今见此，岂得辄即发兵？且经历山险，土多瘴疠，若我兵士疾疫，虽克剪此蛮，亦何所补？言语之间，何足介意！”④ 唐太宗遂作出不征伐林邑的决策，这是基于历史上讨伐之事终致劳民伤财、自取败亡的教训，还是应该以“和”的精神对待邻国，方能确保边境安宁。

明初，朱元璋在处理与周边国家关系的过程中，虽然仍有一种优越感，但

---

① （清）赵翼：《赵翼全集》（全六册）第一册，凤凰出版社 2009 年版，第 250 页。

② 崔明德：《南北朝民族关系思想研究》，人民出版社 2023 年版，第 373 页。

③ 周国林：《二十四史全译：魏书》（全四册）第三册，汉语大词典出版社 2004 年版，第 1466 页。

④ 骈宇骞译注：《贞观政要》，中华书局 2011 年版，第 574 页。

能够以“和”的精神与之交往。朱元璋曾训谕省、府、台臣：“海外蛮夷诸国不为中国患者，不可辄以兵加之。古人有言：‘地广非久安之计，民劳乃易乱之源。’隋炀帝妄兴师旅征讨琉球，徒慕虚名，自弊中土。朕寔鄙之。今惟西北胡戎世为中国患，不可不谨备之。卿等当知朕此意。”①“这段话很重要。这说明除了北方蒙古之外，明王朝会相对柔软地处理周边关系。”②朱元璋深知历史教训，长途跋涉去征伐周边国家，不符合自身的利益，这是权衡之下的考虑。他在《谕暹国王诏》中讲道：“尔哆罗禄自嗣王位以来，内修齐家之道，外造睦邻之方，况数遣使中国，称臣入贡。以方今时王言之，其哆罗禄可谓贤德矣。岂不名播诸番！”③朱元璋在给暹罗国防诏书中释放出改善与暹罗国关系的善意，并且对暹罗国王“睦邻”之意予以积极回应。朱元璋的对外政策，尤其是他的“睦邻”政策的制定，离不开对古代中国“合和”思想的把握、理解和贯彻。朱元璋积极运用“合和”思想，在“睦邻”方面，发挥了十分重要的作用。“明朝初期，对周围国家采取的友好睦邻政策，对中外文化经济的交流，起了良好的作用。”④

2. 平等相待

在处理睦邻关系过程中，平等的思维十分重要。有平等的意识、平等的视角、平等的战略，方能推动平等行为落到实处。孟子言：“域民不以封疆之界，固国不以山溪之险，威天下不以兵革之利。”⑤大意是，不要凭借山川之险和兵

---

① （明）薛应旂：《宪章录校注》，凤凰出版社 2014 年版，第 44 页。

② 葛兆光：《亚洲史的研究方法：以近世东部亚洲海域为中心》，商务印书馆 2022 年版，第 211 页。

③ （明）朱元璋：《明太祖集》，黄山书社 2014 年版，第 4 页。

④ 南炳文、汤纲：《明史》（上下册）上册，上海人民出版社 2014 年版，第 186 页。

⑤ 刘兆伟：《孟子译评》，中华书局 2011 年版，第 89 页。

革之利，来巩固政权。最高的境界在于内心“德”的强化，且将其付诸实践。“以力服人者，非心服也，力不赡也。以德服人者，中心悦而诚服也，如七十子之服孔子也。”[①]通过“力”使用征伐的手段，不会让人感到“心服”，使得互相之间构建起来的关系也不会长久。只有通过“德”的力量，方能让对方“诚服”，所构建的关系方能长久稳固。平等相待就是“德”的题中之义。

春秋时期，楚国势力逐渐强大，逼近中原。楚国的军队在洛邑城郊阅兵。周定王派王孙满前去慰问楚庄王。楚庄王借机询问周室镇国之宝九鼎的大小轻重，蔑视之意，寄在其中。王孙满回答道：“在德不在鼎。”[②]楚庄王霸气地讲述自己也可以去铸鼎，言语之间充满了不屑。王孙满进一步讲道：“德之休明，虽小必重；其奸回昏乱，虽大必轻。”[③]楚庄王知道周室不可轻视，知趣地撤军了。王孙满的话意在强调要多修“德”，方能服人，对楚庄王以武力冒犯周室，没有平等地对待周室，表达了不满之情，告诫楚庄王要多修德政，方能让不同国家服之。

3. 以诚为本

古代社会，十分重视诚信，因为诚信关乎个人成长、事业发展、国家兴盛。《左传·僖公二十五年》中指出：“信，国之宝也，民之所庇也，得原失信，何以庇之？”[④]讲诚信是国家发展之宝，尤其在处理国与国之间关系中，具有十分重要的价值引领和指导作用。如果在处理国与国关系的过程中，违背

① 刘兆伟：《孟子译评》，中华书局 2011 年版，第 76 页。

② 安平秋：《二十四史全译：史记》（全二册）第一册，汉语大词典出版社 2004 年版，第 635 页。

③ 安平秋：《二十四史全译：史记》（全二册）第一册，汉语大词典出版社 2004 年版，第 635 页。

④ 王守谦、金秀珍、王凤春译注：《左传全译》，贵州人民出版社 1990 年版，第 318 页。

诚信原则，是会被诟病和指责的。“是故古之王者不欺四海，霸者不欺四邻，善为国者不欺其民，善为家者不欺其亲。”[①]

古代政治家在处理与邻居关系的过程中，常常会采取和亲、会盟、互市等方式，能够在一定程度上取得成果。这个成果的取得，多少与诚信意识的贯彻和诚信共识的达成，有很大的关联。汉朝昭君出塞，改善了汉匈关系，促进了边境安宁。“王昭君是汉、匈民族和平的象征。这样的看法，在当时的汉、匈两大民族的朝野，都是如此。此后两千年间，在汉和北方民族中，只要民族偏见不重的人，亦都持这样的看法。”[②]唐代的文成公主、金城公主与吐蕃赞普结亲，巩固了唐与吐蕃的关系，且将唐朝的先进技术和文化带到了吐蕃，提高了吐蕃的生产力水平、改变了吐蕃的文化格局。“随文成、金城两公主传入吐蕃的有碾、水磨、纸、墨、制陶、冶炼、建筑、种茶和酿酒等技术。”[③]“文成、金城两公主的出嫁吐蕃，给青藏高原地区带来了灿烂的唐朝文化。”[④]唐朝与吐蕃在长庆元年（821 年），互派使节，先后在长安、逻些进行盟誓，再将盟文刻石立碑，用汉藏两种文字书写，立于大昭寺门前。“这就是历史上著名的甥舅和盟碑，又称唐蕃会盟碑、长庆会盟碑，是汉藏团结友好的历史见证。”[⑤]明朝的俺答封贡，在互市方面终于达成共识，让双方均受益。“长城沿线贸易活动全面展开，互市地点持续增多。”[⑥]互市市场十分繁荣，惠及人群更加广泛。互市的成功，让边境之民受益良多。

① 中国国学文化艺术中心组:《处世之道》，中国人民大学出版社 2015 年版，第 104 页。

② 张传玺:《封建王朝的兴起：张传玺说秦汉》，生活·读书·新知三联书店 2018 年版，第 268 页。

③ 张云:《吐蕃丝绸之路》，江苏人民出版社 2017 年版，第 164 页。

④ 张云:《吐蕃丝绸之路》，江苏人民出版社 2017 年版，第 161 页。

⑤ 本书编写组:《中华民族共同体概论》，高等教育出版社 2023 年版，第 171 页。

⑥ 本书编写组:《中华民族共同体概论》，高等教育出版社 2023 年版，第 243 页。

作为古代睦邻思想的重要内容，“合和万国”“平等相待”“以诚为本”等基本理念，在处理与周边国家关系的过程中，对于增进友谊、加强合作、维护地区和平稳定具有重要的价值。这些睦邻思想和理念，从文化层面构成了中国和平外交的基本底色，为当代中国制定与周边国家的外交政策，提供了历史的参考。

三

推动中华文化繁荣发展
构筑中华民族共有精神家园

北疆文化视域下的古代“诚信”文化传承研究

古代诚信文化是中华优秀传统文化的重要组成部分。所谓“诚”，有真诚之意。《周易·乾》中强调：“修辞立其诚，所以居业也。”[①]通过修饰文辞，树立真诚的令人信服的形象，这是累积功业的重要方法。所谓“信”，有不欺骗欺诈之意。春秋战国时期，许多政治家和思想家对“信”虽有不同的解读，但都强调其在社会中所发挥的重要作用。《管子》中强调：“身仁行义，服忠用信则王。”[②]孔子说：“弟子，入则孝，出则悌，谨而信，泛爱众，而亲仁。”[③]孟子强调“壮者以暇日修其孝悌忠信”[④]。诚信不仅是一种道德追求，更要上升到治国层面，成为处理不同个体、群体、族群、政权、国家之间关系的重要理念。以今天内蒙古自治区为核心区域的祖国北疆，正在着力推进北疆文化建设。在北疆文化视域下梳理古代诚信文化传承，对于弘扬中华优秀传统文化、优化营商环境、增强中华文化认同等具有重要意义和深远影响。

战国时期的赵武灵王为了让赵国更加强大，在赵国推行胡服骑射改革。赵武灵王决意变革之初，顾虑其叔父公子成可能会阻碍其行，故派人去做说服工作。在赵武灵王派人给公子成传话中，强调了取信于贵族即取信于公子成直接

① 杨天才、张善文译注：《周易》，中华书局 2011 年版，第 13 页。

② 谢浩范、朱迎平译注：《管子全译》，贵州人民出版社 1996 年版，第 94 页。

③ 杨伯峻译注：《论语译注》，中华书局 2012 年版，第 6 页。

④ 刘兆伟：《孟子译评》，中华书局 2011 年版，第 11 页。

关系变革的成败："明德先论于贱，而行政先信于贵。"[①] 公子成虽在听赵武灵王之语，却存有不接受之意。于是，赵武灵王亲登其家，当面做其思想工作。最终，公子成被说服，穿上胡服上朝。胡服骑射在赵国得以成功推行。秦孝公时有商鞅变法，有立木以取信于民之实；赵武灵王推行变革，有取信于公子成等贵族之实，二人推行改革都以"信"为基础，均为最后的成功打下扎实的基础。赵武灵王推行变革，使赵国逐渐强大。"赵武灵王破林胡，服楼烦，在鄂尔多斯高原东北部设置云中郡，在河套平原设置九原郡，加大了这一地区的农业成分。"[②] 赵国疆域不断扩大，西面到达了云中、九原，不仅将先进的农业技术带到这里，还将其变革的"诚信"的精神和理念带到这里。

汉朝在处理与匈奴的关系中，也能体现出"诚信"思想所发挥的作用。随着南匈奴入塞，与汉朝来往更加密切。呼韩邪单于提出要来汉朝的要求，被批准后，对其礼遇很高、赏赐颇多。当呼韩邪单于提出希望自己能够做汉朝的女婿时，汉朝统治者也答应了。汉元帝将宫女王昭君赐给呼韩邪单于。"单于欢喜，上书愿保塞上谷以西至敦煌，传之无穷，请罢边备塞吏卒，以休天子人民。"[③] 从呼韩邪单于的言语中可以看出他愿意与汉朝进行和平往来，也希望自己能够践行与汉朝所达成的共识，显示出在国力为基础的前提条件下讲究"诚信"的意图。当然，王昭君出塞，又直接密切了汉匈关系，为汉匈友好往来、践行和平相处共识提供了保障。东汉名臣袁安在谈到与北部匈奴关系如何处理时说："云（武威太守孟云）以大臣典边，不宜负信于戎狄，还之足示中国优

---

① 安平秋：《二十四史全译：史记》（全二册）第一册，汉语大词典出版社 2004 年版，第 693 页。

② 郑君雷：《边疆考古与民族史续集》，科学出版社 2019 年版，第 196 页。

③ 安平秋、张传玺：《二十四史全译：汉书》（全三册）第三册，汉语大词典出版社 2004 年版，第 1894 页。

贷，而使边人得安，诚便。”[①] 袁安强调了“不宜负信”在处理与匈奴关系中的重要性，彰显出他高瞻远瞩的战略眼光。1971 年，在内蒙古自治区和林格尔县新店子乡发现了一座东汉古墓，墓中有壁画 57 幅、250 余款榜题，从这些内容中可以得知墓主是东汉朝廷派到这里的最高官员——使持节护乌桓校尉。壁画再现了墓主在此地办公的场景和多种农业形态并存的景象。如放牧、狩猎、农耕等形态在此地并存，反映了当时多民族交往交流交融的生动场景。这种题材的壁画，一方面反映了中原文化对边疆文化的深刻影响，另一方面也反映了边疆地区对中原文明持接纳和吸收态度。在此基础之上，多个民族在此地方能深度融合，不仅建立了互信的默契关系，还能在生产劳动中深化这种默契关系，共同推动不同农业形态向前发展。“除表现现实生活外，墓室壁画中还绘有孔子弟子、孝子和列女，这些都是汉代儒家文化中的道德榜样。”[②] 儒家思想内容丰富，涵盖为人处世、治政理国等诸多方面，其中必然包括“诚信”思想。儒家思想对当时墓主所管理之地的深刻浸润和影响，必将使当地民众运用儒家思想去看待和分析事物，并将儒家思想运用到实践中。

鲜卑族出身的北魏统治者学习汉法、推行汉化。北魏拓跋焘在位期间，经过努力，统一北方，结束了十六国割据局面。拓跋焘在诏书中强调“忠诚”的重要性：“夫士之为行，在家必孝，处朝必忠，然后身荣于时，名扬后世矣。”[③] 如果说拓跋焘用儒家思想鼓励大臣尽忠孝，是对中华优秀传统文化的传承，那北魏孝文帝拓跋宏直接用“诚信”文化来解决不同族群的问题：“人主患不能处心公平，推诚于物。能是二者，则胡、越之人皆可使如兄弟矣。”[④] 拓跋宏的

---

① 许嘉璐：《二十四史全译：后汉书》（全三册）第二册，汉语大词典出版社 2004 年版，第 1000 页。

② 霍巍：《历史的见证：文物里的中华民族共同体故事》，青海人民出版社 2023 年版，第 66 页。

③ 周国林：《二十四史全译：魏书》（全四册）第一册，汉语大词典出版社 2004 年版，第 56 页。

④ （宋）司马光：《资治通鉴（精装典藏本）》（全三十册）第十四册，中华书局 2013 年版，第 4583 页。

儿子拓跋恪在诏书中指出：“库莫奚去太和二十一年以前，与安、营二州边人参居，交易往来，并无欺贰。”[①] 鲜卑族在处理与其他少数民族的关系中，尤其在开展经贸活动中，十分重视“诚信”，做到“无欺”。北魏的臣僚也能坚持以“诚信”待人和处世这个原则。当时北地郡有数万家羌人打算恃险作乱，前后几任刺史和太守均不能很好地管控。北魏朝廷派刘藻担任北地太守。“藻（刘藻）推诚布信，诸羌咸来归附。”[②] 刘藻用“诚信”的态度赢得了羌人的真心归附。后来，刘藻担任秦州刺史。面对秦州剽悍民风，刘藻推行恩威并施的举措。“藻（刘藻）开示恩信，诛戮豪横，羌氐惮之，守宰于是始得居其旧所。”[③] “开示恩信”成为刘藻安抚当地民众重要的施政理念。

西魏时期，宇文泰采纳苏绰建议，将其主张上奏朝廷以诏书形式向全国颁布，其中就谈到了“忠信”：“躬行仁义，躬行孝悌，躬行忠信，躬行礼让，躬行廉平，躬行俭约，然后继之以无倦，加之以明察。”[④] 西魏和北周时期的名臣辛昂在出任龙州长史后，因其“威惠洽著”[⑤] 而受到当地百姓认可。这里面他如果没有取信于民的举措，焉能有改善当地风俗、赢得百姓敬佩的良好效果？随后，辛昂担任成都令，在学堂与诸生讲道：“子孝臣忠，师严友信，立身之要，如斯而已。若不事斯语，何以成名。各宜自勉，克成令誉。”[⑥] 这里强调的“友信”是“诚信”思想的重要体现。正因辛昂讲话真诚适当入理，才得到百

---

① 周国林：《二十四史全译：北史》（全四册）第四册，汉语大词典出版社 2004 年版，第 2554—2555 页。

② 周国林：《二十四史全译：魏书》（全四册）第三册，汉语大词典出版社 2004 年版，第 1295 页。

③ 周国林：《二十四史全译：魏书》（全四册）第三册，汉语大词典出版社 2004 年版，第 1295 页。

④ 孙雍长：《二十四史全译：周书》（全一册），汉语大词典出版社 2004 年版，第 275 页。

⑤ 孙雍长：《二十四史全译：周书》（全一册），汉语大词典出版社 2004 年版，第 495 页。

⑥ 孙雍长：《二十四史全译：周书》（全一册），汉语大词典出版社 2004 年版，第 495 页。

姓的认可，当地风气亦随之一变。后来，辛昂到益州、通州、渠州等地为官，以诚待人，百姓皆为其用，顺利完成了工作任务。辛昂受到同僚和上司的推荐，担任渠州刺史、通州刺史。他在处理不同族群关系中，因讲“诚信”，赢得百姓支持。“昂（辛昂）推诚布信，甚得夷獠欢心。”[①] 讲“诚信”在辛昂治政中起到了十分重要的指导作用，取得了良好的成效。

隋唐在处理与北部少数民族政权的关系中，也以“诚信”思想为贯彻要旨。隋文帝在打败盘踞漠北的突厥后，给突厥沙钵略可汗的诏书中指出：“今通表奏，万里归风，披露肝胆，遣子入侍，罄其区域，相率称藩，往迫和与，犹是二国，今作君臣，便成一体，情深义厚，朕甚嘉之。”[②] 从这段话中可以看出，隋文帝立足边境长久和平，试图构建一种在对中国文化认同基础上的稳定秩序。唐太宗认为“诚信”十分重要，“朕欲使大信行于天下，不欲以诈道训俗”[③]。东突厥投降唐朝后，唐太宗采取怀柔之策，稳定住了北部局势。“唐朝将归降和被俘的突厥人安置到漠南，在原属突利可汗之地设顺、佑、化、长四州都督府，在原颉利可汗之地设定襄、云中两都督府，任命东突厥贵族为都督，统率部众。其余来降的酋长也都授以官职。”[④] 唐太宗能够尊重东突厥习俗，十分信赖东突厥贵族，且让东突厥贵族管理其众。

与宋对峙的辽，十分重视对中原文化的学习与借鉴，在其许多制度健全过程中，不断从中原文化中汲取养料，进行消化、创新。辽的统治者在其疆域内建立驿站制度，不仅让朝廷的大政方针很快落地，还能及时地了解基层情况。对于承接上传下达任务的使者，素养要求比较高，其中有一条就是要讲“诚信”，践诺意识比较高，说到就要做到。“国有重事，皇帝以牌亲授使者，手札

① 孙雍长：《二十四史全译：周书》（全一册），汉语大词典出版社 2004 年版，第 496 页。
② 韩昇：《隋文帝传》，人民出版社 2015 年版，第 198 页。
③ 骈宇骞译注：《贞观政要》，中华书局 2011 年版，第 388 页。
④ 张传玺：《简明中国古代史（第五版）》，北京大学出版社 2013 年版，第 279 页。

给驿马若干。驿马缺，取他马代。法昼夜驰七百里，其次五百里。所至如天子亲临，须索更易，无敢违者。使回，皇帝亲受之。”① 如果跑驿站的使者自身素养不高，不具备践诺意识和能力，就无法完成朝廷交给的重要任务。讲“诚信”成为衡量驿站使者素养的重要标准。

北方的金政权，统治者虽是少数民族出身，却能够运用儒家思想治理国家。大定八年（1168 年），金世宗对大臣说：“昔唐、虞之时，未有华饰，汉惟孝文务为纯俭。朕于宫室惟恐过度，其或兴修，即损官人岁费以充之，今亦不复营建矣。”② 大定二十年（1180 年），金世宗讲：“女直官多谓朕食用太俭，朕谓不然。夫一食多费，岂为美事。况朕年高，不欲屠宰物命。贵为天子，能自节约，亦不恶也。朕服御或旧，常使浣濯，至于破碎，方始更易。向时帐幕常用涂金为饰，今则不尔，但令足用，何必事纷华也。”③ 大定二十七年（1187 年），金世宗讲：“国初风俗淳俭，居家惟衣布衣，非大会宾客，未尝辄烹羊豕。朕尝念当时节俭之风，不欲妄费，凡宫中之官与赐之食者，皆有常数。”④ 从金世宗的执政历程来看，他强调以俭持政，不事奢华，这既是施政之纲，也是取信于民的宣告。

忽必烈早年受命总领漠南汉地军民事，开府于金莲川，尊儒重道，延揽人才，为其后来迅速壮大乃至建立元朝、统一全国打下扎实基础。姚枢、许衡、郝经等儒士被忽必烈重用。朝廷在政策实施中推行这些儒士提出的主张。郝经

① 马楚坚：《中国古代的邮驿》，商务印书馆国际有限公司 1997 年版，第 95 页。

② 曾枣庄：《二十四史全译：金史》（全三册）第一册，汉语大词典出版社 2004 年版，第 114 页。

③ 曾枣庄：《二十四史全译：金史》（全三册）第一册，汉语大词典出版社 2004 年版，第 139—140 页。

④ 曾枣庄：《二十四史全译：金史》（全三册）第一册，汉语大词典出版社 2004 年版，第 159 页。

曾在一篇文章中阐释“信”的内涵：“其充实不妄曰信。”[①] 郝经等人的思想深刻影响了忽必烈的政策实施。忽必烈即位后，正式发行中统元宝交钞，以官府之信用为担保，促进了经济的恢复和发展。

明朝与俺答封贡共识的达成，确保了边境数十年的安宁，这也离不开对“诚信”思想的遵守和传承。明朝以释放俺答孙子把汉那吉回蒙古为信号，感化了俺答。俺答随即表态：“汉乃肯全吾孙，吾且啮臂盟，世服属无贰，奚有于叛人！”[②] 于是，俺答与明朝达成定盟共识，在边境地带，通贡市马。明朝封俺答为“顺义王”。当时有人质疑俺答的诚意。大学士高拱回答道：“彼若背约，遂兴问罪之师，进退各有余地。”[③] 高拱作了一个设想，如果俺答违背达成的共识，做出践踏诚信之事，必将受到惩罚。从高拱的回答中可以看出，讲“诚信”是当时明朝处理与俺答的关系中所坚持的原则。俺答封贡目标实现后，边境出现和平景象，百姓能够安居乐业。正如王崇古在奏议中所指出的良效：“臣每遣原任副总兵田世威随带通丁每市监理，面与诸酋定议，卒遂四市一体，万虏同规，军士免买马之陪累，各营得夷马之强健，军民倍获夷利，夷虏各得衣物。华夷交欢，公利兼利；秋成无扰，客饷尽省。”[④] 明朝与俺答部在边境通过互市贸易，共得其利、共享其果。俺答的夫人三娘子协助俺答主持贡市，且率众临市进行监督，严守与明朝达成的和平条款。俺答去世后，按照蒙古习俗，三娘子再嫁俺答长子黄台吉。三娘子严守与明朝订立的条款，凡有违之，必将受罚。黄台吉去世后，三娘子再嫁黄台吉长子扯力克，仍然致力于维护

---

① 张进德、田同旭编年校笺：《郝经集编年校笺：全2册》上册，人民文学出版社，第488页。

② （清）谷应泰：《明史纪事本末》（全四册）第三册，中华书局2018年版，第913页。

③ （清）谷应泰：《明史纪事本末》（全四册）第三册，中华书局2018年版，第916页。

④ 山右历史文化研究院：《山右丛书三编》（全十二册）第四册，上海古籍出版社2021年版，第193页。

蒙、明关系。俺答和三娘子在实现封贡目标后，能够谨守约定，坚持与明朝友好相处，“诚信”思想始终贯穿其政策实施当中。

康熙时期的名臣张鹏翮作为使团成员赴俄罗斯进行谈判，途经归化城，印象深刻，在其行程日记中对此有详细的记载。在归化城南，张鹏翮注意到当地有一个关夫子庙，传承着忠义文化：“城南有关夫子庙，留《帝志》二册，欲使远人知忠义也。”① 当时，使团一行不知前方之路，困惑之时，遇到途经此地的买卖人两名，以之为向导。这两名向导十分配合，彰显出其自身仗义讲信用的品格，遂得到使团一行成员解衣予之的反馈。张鹏翮在《登归化城楼口占》中有两句诗，强调了“忠信”之重要性：“孤臣自有长缨愿，忠信还期赋远游。”②

随着清政府在全国统治的稳定，大批晋陕冀的汉族人口经过千辛万苦来到口外进行开垦，其中不少晋商亦来到口外，与当地民众进行贸易往来。这些晋商为了做好与蒙古族牧民的贸易生意，积极学习蒙古族语言，不断克服语言障碍，尊重蒙古族习俗，赢得蒙古族好感，以便能够更加顺利地购买当地的牛羊皮毛等产品和物资。随着商业持续发展，奔走于山西和内蒙古等地的晋商专注于票号等金融业的发展。这些晋商之商业规模巨大，为促进经济发展作出贡献。他们之所以能够成就如此事业，离不开“诚信”精神的坚守和弘扬。“清末，乔家的复盛油坊曾从包头运大批胡麻油往山西销售，经手伙计为图暴利，竟在油中掺假，事被掌柜发觉后，立即饬令另行换售，代以纯净无瑕的好油。这样商号虽然蒙受一些损失，但信誉昭著，近悦远来，商业更加繁盛。”③ “诚信”精神成为晋商成功的重要砝码，对口外地区商业和经济的发展产生了重要影响。

---

① 毕奥南整理：《清代蒙古游记选辑 34 种：全 2 册》第一册，东方出版社 2015 年版，第 11 页。

② 毕奥南整理：《清代蒙古游记选辑 34 种：全 2 册》第一册，东方出版社 2015 年版，第 35 页。

③ 张正明、张舒：《晋商兴衰史》，山西经济出版社 2010 年版，第 142 页。

在祖国北疆这片热土上，诚信文化精神始终在传承和弘扬。北疆地区的诚信历史文化，内容极为丰富，不仅是个体品德的重要体现，而且成为处理不同族群、民族、政权之间关系的重要准则。在当地社会，诚信文化精神的彰显和重视，不仅是推进北疆文化建设、弘扬中华优秀传统文化的重要抓手，而且是重塑诚信体系，提升地区影响力、吸引力的重要标准，在推动精神文明建设中发挥十分重要的作用。

北疆文化中二人台艺术的发展脉络、创新实践和时代价值

内蒙古的二人台艺术作为北疆文化和中华文化的重要组成部分，在新时代越来越发挥着更为重要的凝聚人心、文化化人的作用。深入挖掘和阐释二人台艺术的发展脉络、创新实践和时代价值，对于推动文化繁荣、建设文化强国、建设中华民族现代文明、增强中华文化认同等具有重要的意义和深远的影响。

1. 发展脉络

明末清初以来，随着逃难到内蒙古地区的汉族农民增多，与当地蒙古族和睦相处，共同发展农业经济，进一步促进了草原地区土地开发和经济发展，这就为突破清政府对内蒙古地区土地开发严格管制奠定了基础。清政府出于军事上的考虑，特招大量汉族农民到内蒙古地区开垦土地，以期保证军粮供应。大量内地汉族农民通过“走西口”，在内蒙古地区扎下根，改观了游牧经济景观，促进了农业经济发展和民族关系的融合。蒙汉民族在长期的共同的生产劳动、生活相处中，不仅结下了深厚的友谊，而且在互相学习、融合基础上产生了符合当地民俗特征的艺术形式，这为二人台的诞生和发展创造了良好条件。

二人台的前身是“蒙古曲儿”，是最早在蒙古族牧民家中吟唱的一种曲子，后来被迁居到内蒙古的汉族人民所接受和效仿，流行于内蒙古地区蒙汉集中聚居的土默川一带。二人台是由两人表演，采取一问一答形式，用三弦、四弦、笛子等乐器进行伴奏，进行民歌坐唱的一种艺术形式。这种艺术形式在演

唱的过程中，蒙汉民歌兼唱，有时蒙曲汉唱，有时汉曲蒙唱，做到蒙汉艺术的融合。当地百姓将这种蒙汉艺术融合的唱法称为“风搅雪”。据《绥远通志稿》记载，清朝咸丰、同治年间，反映战争题材的曲牌名为《乌勒贡花》的曲子，就是较早的“蒙古曲儿”。早期，“蒙古曲儿”以蒙语唱词居多，后来汉语唱词增多，亦沿用“蒙古曲儿”之称。蒙汉人民朝夕相处，将“蒙古曲儿”与汉族的“丝弦坐唱”合起来进行演唱，统称为“打坐腔”。

随着晋、陕、蒙、冀等地之间的民众交流、文化交融逐渐增多和深入，内蒙古地区的蒙汉人民在“打坐腔”基础上，吸收社火中人物装扮、手执道具、动作表演及对应的对唱等要素，推动“蒙古曲儿”走入“打玩意儿”阶段。出生于土默特的蒙古族艺人云双羊十分贫苦，善唱“蒙古曲儿”，在其艺术实践中，借鉴社火表演形式，创造丑、旦角色，且化妆演唱，这种演唱形式比“打坐腔”新颖热闹，时称“打玩意儿”。云双羊组建职业班社，辗转周遭之地进行演出，扩大了影响。此后，大批“打玩意儿”班社组建起来，演出地点甚至能到达北京等地。

随着城乡关系的持续深化和商品经济的进一步发展，民间艺人少则 5 人，多则 10 余人，组织半职业、职业班社，在庙会、车马店、渡口、集市、商会、事宴等场所，进行演唱活动，不仅维持了其生活，更推动了这种艺术形式的丰富和发展。民间将这种艺术形式称为“二人台”。抗战期间，八路军领导的抗日根据地，许多干部、群众利用二人台曲调编写了大量有关抗日内容的歌曲，代表作如《大众吼声》等，在一定程度上宣传了中国共产党的抗日思想，激励了人民群众的抗日精神。

新中国成立后，二人台艺术得到了重视和发展。地方政府十分重视二人台事业发展，不仅成立了专业文化馆，配备了专业的戏曲干部，还给予贫苦二人台艺人一定的生活救济，结束了他们在旧社会流浪乞讨被歧视的生活境遇。包头二人台艺人计子玉编演的《新中国》《大胜利》等节目，表达出广大二人台艺人对党的感激之情。为了贯彻《关于戏曲改革工作的指示》精神，以“百花齐放，推陈出新”为原则，内蒙古积极发展二人台事业，引导二人台事业迈上新台阶。1951 年，时任绥远省副主席的杨植霖在绥远省民间艺人学习会上发表讲话，题目为《二人台翻身》，这是从官方角度对二人台的最早定名。二人台由此代替“打玩意儿”，“打玩意儿”班子全被改名为“二人台剧团”。绥远前进实验剧团由此成立，后改名为内蒙古前进实验剧团。该剧团向包头、集宁等地输送了大批艺术人才，进一步推动了二人台艺术事业的发展。二人台作品出现了新变化，实现了编演分离，专职剧作家负责创编，艺人负责演练，这就奠定了二人台由传统走向现代的基础。内蒙古对二人台剧目中宣扬封建迷信、丑陋落后的内容进行剔除，实现了改革旧剧目、创新新剧目的目标。从作品整理来看，为了更好地记录二人台作品，扩大二人台艺术的影响，在党和政府的大力支持下，内蒙古陆续整理、出版了一批高质量的二人台作品，且在多个媒介上进行宣传和刊载。内蒙古电影制片厂拍摄了《卖碗》《走西口》两个剧目的二人台艺术片，在社会上产生了广泛的影响。内蒙古的著名二人台演员受邀到中央音乐学院等高等院校进行专业指导，赴朝鲜进行慰问演出等，《走西口》《打金钱》等剧目受到热烈欢迎。

“文化大革命”期间，二人台艺术遭受重创，专业剧团被解散、业余演出队被禁演、艺人遭到迫害。“文化大革命”结束后，二人台艺术迎来了新的发展机遇，获得新生，蓬勃发展。二人台队伍逐渐健全，不仅有专业的艺术学校和演出团队，而且还有丰富多彩的演出活动，更有新创作的二人台剧本。改革开放初期，内蒙古地区率先掀起二人台艺术改革话题讨论热潮。引发这股热潮的是著名二人台研究专家李野先生发表在《包头日报》上的文章《二人台发展问题的探讨》，该文章引发全区相关部门和同行的关注和热议。这次热潮明确了二人台艺术改革方向和路径，为二人台事业繁荣和发展提供了良好政策环境。二人台曲目出现新题材，如反映内蒙古西部地区人民群众生活常貌的代表作《双喜临门》《王满囤卖鸡》等。二人台艺术赛事相继举办，影响力不断扩大，演出活动甚至走出国门，成为宣传中华优秀传统文化的一张名片。二人台艺术越来越得到重视和推广。2006年，二人台艺术被列入国家级非物质文化遗产名录;2014年，文化部正式将二人台艺术确定为内蒙古地方戏曲;2019年，二人台艺术成为文化和旅游部非物质文化遗产保护剧种。二人台艺术获得前所未有的发展机遇。

2. 创新实践

近年来，内蒙古二人台艺术在政府的支持下，获得了新的发展机遇。在发展过程中，内蒙古二人台艺术在许多方面有了创新实践，不仅彰显着二人台艺术发展的活力，还呈现出新的发展状态。

首先，理论研究、人才培养进入新阶段。从知网中查找有关内蒙古二人台艺术主题理论研究，从过去探讨剧本、曲艺层面，进入到文化层面、铸牢中华民族共同体意识层面、现状的田野分析层面，二人台艺术理论研究的深层性、时代性、实效性特征更加明显和突出。二人台艺术人才培养更加专业化、实践化。内蒙古公办、民办艺校经过长期运营和实践洗礼，留存下来的开设二人台专业的院校在创新实践方面呈现出的特征更明显。内蒙古艺术学院二人台艺术专业拥有雄厚的师资力量和丰富的教学资源，在课程开设、实践环节等方面，越来越规范和丰富。内蒙古艺术学院与土默特右旗乌兰牧骑二人台艺术团签订合作协议，使得学校教育和地方传承在推动二人台艺术发展方面有更多的合作内容，包括人才培养、剧目整理、科技运用等。

其次，展示新时代新时期的新生活。二人台剧作编写有着优良的传统，传统优秀的二人台剧目仍然在传承发展当中，受到群众的喜爱。反映时代新貌、彰显时代精神的内容也是二人台剧目创作的重要方向。党的十八大以来，一大批展示新时代风采风貌的二人台作品不断问世，如呼和浩特市二人台艺术研究剧院创作并演出的二人台作品《凤归向阳湾》，反映的是乡村振兴背景之下，向阳村走出去的大学生娟娟返乡创业的故事。

再次，在塑造复杂人物方面寻求新突破。在改编二人台剧目、创新二人台剧目方面，着力于塑造立体式复杂式人物。通过紧张的情节叙事，富有张力的剧情反转，具有对立性的情感冲突，冲破二人台人物塑造方面单一式、浅层式、脸谱式的刻画束缚，凸显人的多面复杂意蕴，彰显人物复杂的心路历程，揭示复杂人物背后所反映的文化融合、民族融合。

从次，不断创新艺术形式。新时代新时期，将灯光、舞美、音响、道具、服装等要素，以新的科技手段和方式呈现出来，给观众全方位的审美观感。在二人台编演过程中，注入现代的审美艺术，大胆借鉴话剧、音乐剧、电视、电影等艺术表现手法，推动二人台艺术改革再上新台阶。在继承二人台艺术优秀传统的基础上，充分发挥其即兴发挥和表演的功能，不断调动观众情绪、满足观众需求、提升观众体验。在二人台表演方面，在融合蒙汉民族生活内容、舞蹈动作、方言歌词、音乐器材等基础上，进行艺术形式的全面创新。

最后，运用新媒体提升宣传能力。随着网络技术的发展和进步，新媒体、自媒体等数字化平台大量涌现，为二人台传播、宣传提供了很好的手段和方式。内蒙古二人台剧团、机构、民间团体利用微博、微信视频号、抖音、快手等新媒体、自媒体，积极推广和宣传二人台艺术，让二人台艺术超越时空限制，传播到更大的受众群体那里。在新媒体、自媒体平台上，建立二人台资料专区和视频专区，便于观众及时学习和观看；加强互动交流，倾听观众对二人台艺术的想法、意见和建议，提升年轻观众对二人台艺术的参与度；推广新媒体直播模式，将最新的二人台作品第一时间呈现给观众。

3. 时代价值

内蒙古的二人台艺术经过100多年的孕育、发展，至今仍然活跃于广大农村、牧区、城市社区等各个角落。它正以鲜活的内容、独特的艺术形式、富有时代感的特质，嵌入百姓生活之中，发挥以文化人的重大作用，具有重要的时代价值。

首先，为不断丰富北疆文化奠定扎实基础。2023年7月5日，中国共产党内蒙古自治区第十一届委员会第六次全体会议通过的《内蒙古自治区党委关于全方位建设模范自治区的决定》，给北疆文化下了一个定义："着眼传承发展中华优秀传统文化、推动中华民族现代文明建设，充分挖掘和生动展现内蒙古大地上的厚重历史文化和丰富人文资源，融红色文化和草原文化、农耕文化、黄河文化、长城文化等于一体，打造以各民族交往交流交融、守望相助、共同弘扬蒙古马精神和'三北精神'、铸牢中华民族共同体意识为基本内容的'北疆文化'品牌，教育引导各族群众牢固树立正确的国家观、历史观、民族观、文化观、宗教观。"内蒙古的二人台艺术是北疆文化的重要组成部分。从二人台艺术诞生和发展历程来看，其与草原文化、农耕文化、黄河文化、长城文化、红色文化等各类文化类型紧密相连、相互印证。内蒙古地区的二人台艺术是在草原文化熏陶之下诞生的。草原文化塑造了这个地区的民族和人民是豪迈奔放的，其艺术歌唱的基调也是豪迈奔放的。在走西口文化背景之下，又将农耕文化、黄河文化、长城文化等要素容纳进来，注入内蒙古地区，并且与当地特色艺术相融合，最终催生了二人台艺术。这就说明二人台艺术与农耕文化、黄河文化、长城文化紧密相连。在二人台艺术发展历程中，又自觉地将中国共产党在革命、建设、改革和新时代新时期不同的鲜活事迹，反映到二人台作品创作中，为红色文化的二人台艺术表达，走出了一条探索路径。内蒙古二人台艺术，无论是从其诞生来看，还是从其演出实践来看，或是从其作品创作来看，皆反映了这片热土上蒙汉等多个民族友好往来、和睦相处的历史和休戚与共、荣辱与共、生死与共、命运与共的中华民族精神实践。

其次，为有形有感有效铸牢中华民族共同体意识提供有力支撑。二人台作为一种艺术形式存在和发展，能够充分发挥其在有形有感有效铸牢中华民族共同体意识方面的作用，让铸牢中华民族共同体意识更加接地气、摸得着、感受深。一是从二人台艺术发展历史中去挖掘有形铸牢中华民族共同体意识内容。明末清初以来，晋、陕、冀、鲁等地汉族百姓或因战乱，或因灾害，无法生存，故背井离乡，来到土默特、鄂尔多斯和河套平原等地，建村落、垦荒地，定居下来。定居下来的汉族与当地蒙古族长期和睦相处，其中不少汉族与蒙古族通婚，形成蒙汉民族共居的态势和局面。内蒙古西部地区，包括蒙汉民族在内的多民族共同推动了当地经济发展，创造了独特的文化景观，为二人台艺术的诞生提供了丰厚的土壤。聚居在内蒙古西部地区的人们在不同生活观念、情感理念、审美艺术等要素的融合当中，形成了新的艺术形式，这就是二人台艺术的早期形态。土默特的蒙汉民族在田间地头、茶余饭后，最先尝试了这种艺术形式，随后又推广到家庭聚会、传统节日的庆祝活动当中，受到了当地百姓的喜爱。晋西北的山曲、陕北的信天游、内蒙古的爬山调等多种艺术形式又充实到二人台艺术早期形态中，又加入了晋、陕、蒙、冀等多地的民间文化活动内容，形成了载歌载舞具有化妆功能的演唱形式。随着唱腔、剧本、音乐、舞蹈、表演等要素的健全，二人台艺术逐渐成形。二人台艺术诞生和成形的过程中，一直由蒙汉民族表演、推广，反映蒙汉民族在内的多民族生活内容，受到当地百姓的好评。二是从二人台剧目创作去探析有感铸牢中华民族共同体意识内容。二人台剧目创作题材十分丰富，涵盖了爱情故事类、社会生活类、传统历史类等内容。不同题材中蕴含了大量民族互助和融合的内容。爱情故事类，有《阿拉奔花》等剧目，它反映了蒙汉青年男女的爱情生活。社会生活类，有《走西口》等剧目，它将主题聚焦在移民文化当中，对人们的别离之情进行深刻揭示。传统历史类，有《青山儿女》等剧目，它描绘了在抗战背景下，大青山抗日革命根据地军民在蒙汉团结努力下并肩战斗的故事。这些题材既有传统二人台内容，又有现代二人台内容；既有鲜活反映蒙汉民族融合互助的内容，又有蒙汉民族作为受众去体验普通人的爱憎之情的题材。二人台艺术鲜活的内容和故事，使得有感铸牢中华民族共同体意识体现得更为明显和鲜活。三是从二人台艺术演出实践去梳理有效铸牢中华民族共同体意识内容。无论是回顾二人台艺术发展历史，还是分析二人台剧目创作，归根结底都要使二人台艺术在演出实践中体验和检验其艺术魅力。反映民族团结、推动铸牢中华民族共同体意识工作走深走实的二人台剧作在演出实践中，配之以符合剧情的服装、灯光、舞蹈、唱腔、乐器，给观众带来全新的艺术体验。在这种全新艺术体验中让观众身临其境地感受和体会二人台艺术魅力及其情节叙事中的有关民族团结方面的深刻意蕴。

最后，为建设中华民族现代文明注入文化力量。二人台艺术是北疆文化的重要组成部分，也是中华优秀传统文化的重要组成部分。中华文明具有突出的连续性、创新性、统一性、包容性、和平性五个特征。这五个特征用来分析二人台艺术，是一个独特的新颖的视角。从连续性来看，自二人台艺术孕育和诞生之后，虽遭遇过低谷时期，但是没有彻底中断过，一直延续发展到今天，体现出顽强的生命力。从创新性来看，二人台艺术在发展过程中，不断吸收其他艺术要素和形式，在新时代背景下，得以继承和创新。从统一性来看，二人台艺术反映出百姓悲欢离合背后的人的善良、忠正、坚强等品质，这些品质构成中华优秀传统文化要素，这些文化要素实现了作品内容的代际传承。从包容性来看，创造二人台艺术的蒙汉民族是互相影响、包容和支持的，其所创造出的二人台艺术从内容和表现形式看，又体现出宽阔的胸襟和气魄，涵盖了政治、经济、伦理、民俗等内容和多样的艺术表现形式。从和平性来看，二人台艺术反映了多民族地区和合思想如何促进文化交流和融合，成为构筑民族团结的重要文化根基。二人台艺术体现出的中华文明特征，在与时俱进、剔除糟粕的基础上，实现了创造性转化与创新性发展。新时代背景下，在“两个结合”指引之下，推动二人台事业再上新台阶，争取多出能够反映时代波澜壮阔风貌、百姓走向民族复兴昂扬状态且富有中华民族独特审美艺术价值的作品，为建设中华民族现代文明注入文化力量。

北疆文化视域下包头市二人台艺术繁荣发展的对策研究

二人台艺术作为重要的地方曲艺形式，作为国家级非物质文化遗产，越来越受到广大观众的喜爱和支持。包头市是二人台艺术重要的发展、推广之地，有深厚的历史基础、文化基础、群众基础。党的十八大以来，在习近平文化思想的指引下，在文化建设整体繁荣发展的大背景下，包头市二人台艺术发展进入了新阶段，呈现出蓬勃发展的态势，不断满足基层群众的文化需求，丰富基层群众的精神生活。近年来，包头市委扎实贯彻内蒙古自治区党委关于北疆文化的要求，提出打造文化高地这个新任务，这为繁荣发展包头市二人台艺术事业，提供了良好的契机和条件。

1. 北疆文化视域下包头市二人台艺术繁荣发展的重大意义

内蒙古自治区党委于2023年鲜明提出“北疆文化”这个概念，并且掀起了宣传北疆文化热潮，切实推动了北疆文化研究与实践进入新阶段。二人台艺术成长于内蒙古、发展于内蒙古、兴盛于内蒙古，因其由蒙汉民族共同创造，又服务于蒙汉等多个民族，因而具有鲜明的北疆地域特征、文化特征。包头市二人台艺术在二人台艺术发展历史上，占有重要的地位和较强的影响力、辐射力，是内蒙古二人台艺术的重要组成部分。立足包头市，从增强中华文化认同、铸牢中华民族共同体意识、推进文化高地建设、建设中华民族现代文明的视角，深入挖掘二人台艺术繁荣发展的重大意义，显得尤为重要。

（1）有助于增强中华文化认同及铸牢中华民族共同体意识

二人台艺术作为地方戏曲，在其形成和发展过程中，对于满足不同民族文化认同、文化需求，促进各民族在思想文化方面实现交往交流交融，具有重要意义。

从形成方面看，明末清初以来，随着晋陕农民向口外流动，最终在内蒙古西部地区落脚和定居，促成了农耕文化和草原文化的融合，促成了中原文明和草原文明的融合，促成了汉、蒙等多民族融合。内蒙古土默特平原就是其中融合交汇的重要地区。土默特地区的蒙、汉民族不仅生活在一起，还共同融合民间艺术，催生了二人台这种艺术形式。蒙古族生性善歌舞，劳动之余进行情感抒发，后又加入汉族的丝弦坐腔，又加入化妆表演等元素，逐渐形成了二人台这种民间艺术。

从语言方面看，二人台艺术在蒙汉民族共同努力之下，创造出蒙语、汉语混合演唱的形式，被称为“风搅雪”，不仅拉近了蒙、汉民族的文化认同及情感距离，还给观众以独特的语言方面的享受。

从演出形式看，在蒙汉人民共同努力下，融合了短调、长调等演唱方式，将蒙古族过年过节拉弹助唱的形式和汉族“闹社火”的舞蹈巧妙结合起来，成就了二人台艺术的精妙。

从曲调方面看，二人台艺术融合了晋西北的“山曲”、陕北的“信天游”、内蒙古的“爬山调”“蛮汉调”等曲调，“山曲”的低徊，“信天游”的雄浑，“爬山调”“蛮汉调”的高亢，增添了二人台曲调的艺术魅力。

从伴奏乐器看，传统伴奏乐器笛子、四胡、扬琴、四块瓦等在二人台唱腔伴奏中发挥了很重要的作用，尤其在包含蒙古族民歌、汉族民歌等在内的牌子曲演奏中发挥了重要作用，使得演奏动听美妙，体现了蒙汉民族的智慧。

从题材方面看，二人台剧本既有反映蒙古族故事的内容，又有反映汉族故事的内容，还有反映蒙汉等多民族交往交流交融的内容。不同民族之间的爱情、生活、奋斗等故事，熔铸在二人台艺术当中，并且以演出的形式展示出来，带给观众精神层面的享受，实现对各民族友好交往、频繁往来的文化认同、情感认同和思想认同。

（2）有助于进一步打造文化高地

文化建设十分重要，对于服务中心大局、促进经济发展、丰富群众精神生活具有十分重要的价值。2023 年 12 月 22 日，包头市委、市政府出台《关于全力打造新时代文化高地的实施意见》，正式提出了“全力打造文化高地”这一重要任务，强调“把包头市二人台艺术展演厅”建成国家级非遗项目展示馆。这里强调打造包头市二人台艺术展演厅，是文化高地建设的重要内容。

文化高地打造过程中，进一步推动二人台艺术持续发展，对于丰富“文润包头”“印象包头”“魅力包头”“人文包头”行动内容具有重大的意义。从实施“文润包头”行动来看，在推进北疆文化建设、系统梳理包头历史文化方面，包头市二人台艺术的诞生、发展、繁荣，能够充分展示农耕文化、草原文化、黄河文化、长城文化等的融合，是北疆文化的重要内容，是包头文化的重要组成部分。从实施“印象包头”行动来看，汇聚多元音乐资源优势、加强文博资源利用、举办包头艺术博览会，包头市二人台艺术的演出和活动，是多元音乐中的重要一类；包头市二人台艺术的历史痕迹和发展脉络，是文博资源利用、包头艺术博览会的重要展陈对象。从实施“魅力包头”行动来看，深入挖掘包头市黄河历史文化底蕴、融入中华文化符号和形象、增强优质文化供给，包头市二人台文化与黄河文化联系紧密，需要深入阐释和挖掘；包头市二人台文化发展史上有许多重要的文艺人物，需要进行记录和梳理，做成文化符号；包头市二人台艺术有着强大的生命力，需要加大文化输出的力度、提高输出的能力。从实施“人文包头”行动来看，创新人才引进培育奖励机制、增强国有文艺院团发展动力、全面提升演员的艺术素养，包头市二人台艺术繁荣发展离不开人才引进和培育，离不开本土文艺剧团发展，有助于提升全民艺术素养。

（3）有助于为建设中华民族现代文明作贡献

2023年6月2日，习近平总书记在文化传承发展座谈会上深刻指出“在新的起点上继续推动文化繁荣、建设文化强国、建设中华民族现代文明”这一新时代新的文化使命。建设中华民族现代文明，是中华文明的现代形态，是人类文明形态的重要内容。

中华文明五大突出特性是指连续性、创新性、统一性、包容性、和平性。从中华文明五大特性视角分析二人台艺术，推动二人台艺术为中华民族现代文明作出新贡献。

从连续性看，二人台艺术的源头是从打坐腔阶段开始，到逐渐形成二人台艺术至今，已有百余年历史，其在形成和发展的历程中，从来没有中断。战争年代，尽管遭遇饥荒、战争等灾难，二人台艺术受到了一定的冲击和影响，但是二人台从业人员一直支撑着这门艺术，并且口耳相传地传承了下来。和平时期，二人台艺术发展既有快速期也有慢速期，有高峰期也有低谷期，但一直延续发展至今。二人台艺术的这种连续性彰显了它的强大生命力。

从创新性看，二人台艺术之所以能够延续至今，很重要的一个原因在于其创新性。从二人台剧本内容来看，从最初的历史题材、生活题材到后来的革命题材、现实题材，再到能够体现时代发展趋势的剧本内容不断涌现，一直吸引着观众前来观看。从二人台音乐要素来看，借鉴了民歌、信天游、爬山调等内容，囊括了俗语、窜话、歇后语、戏曲等形式，配备了传统音乐器材和现代音乐器材，融入了歌曲、表演、说唱、小戏等体裁。二人台艺术因内容和形式的创新，持续受到观众的认可和喜爱。

从统一性看，二人台艺术将不同地域的观众，从精神和文化层面凝聚在了一起，推动了多元一体理念的走深走实。不同地区的观众，民风不同、性格不同、宗教信仰不同，但是在喜欢观看、欣赏推崇二人台艺术这一点上达成了文化共识。二人台艺术的优质作品又为这些不同地域的观众提供了优质的文化产品，在文化层面覆盖了更多观众和人群，起到了凝聚人心、以文化人的作用。

从包容性看，二人台艺术作为一种地域性文化，超越乡土、血缘、宗教信仰，在内蒙古、晋、陕、冀甚至全国其他地方，都有许多忠实的观众。从历史上看，晋陕冀农民千辛万苦来到内蒙古西部地区，与当地蒙古族群众紧密结合、融合、生活在一起，不仅推动了生产发展，还创造了新的艺术形式。二人台经典剧目主要反映了在西口文化背景下，蒙汉等多民族群众的情感表达和生活经历，里面蕴含着他们的价值观和精神旨趣，对公平正义的呼唤、对丑恶黑暗的鞭挞成为激励人们不断奋进的精神动力。二人台艺术已经成为这片热土上凝聚不同族群、人群的重要精神纽带和文化密码。

从和平性看，二人台艺术发挥着“和合”的作用。在二人台艺术的剧目和内容中，求大同、存小异、有仁心、尚侠义、恤民情等理念，润物细无声地渗透在其中，以独特的艺术形式，滋养了无数观众，不仅教化了观众，还起到了净化社会风气的作用。

2. 北疆文化视域下包头市二人台艺术繁荣发展中遇到的问题

党的十八大以来，二人台艺术作为一种艺术形式，得到了重视和推广。包头市二人台艺术在实践中，积极传承经典剧目、曲目，开发挖掘新的剧本内容，推动二人台艺术进机关、进学校、进企业、进社区、进乡村，扎实办好内蒙古二人台艺术节，统筹资源召开二人台艺术座谈会，深化二人台艺术研究，广泛开展各种形式的二人台演出，组织剧院、剧团、文化馆、文化站深入基层、深入群众，举办文化惠民活动，切实促进各民族更加团结和睦，满足群众的文化需求。包头市二人台艺术在发展实践中，遇到一些问题，阻碍或者制约了二人台艺术的繁荣发展。这些影响二人台艺术繁荣发展的问题梳理如下。

（1）年轻观众参与度不高

在包头市土右旗、达茂旗等农村牧区，随着城镇化战略的推进，大批年轻农牧民进城务工，造成了农村牧区人口在一定程度上的暂时减少，从现场观众收看角度给农村牧区进行的二人台演出造成了一定影响。相比老年观众对二人台艺术的钟情与热爱，年轻观众在多种丰富的娱乐要素、文化样态面前，呈现出多元化的选择态势，往往倾向于与现代社会脉搏更加贴近的文化艺术，如摇滚、流行歌曲等，认为二人台艺术偏于陈旧、跟不上时代发展，故参与观看的主动性和积极性不高。二人台创作进入瓶颈期，形式单一、故事老套、缺乏创新，没有足够的吸引力，使得年轻观众参与度不高。二人台艺术的地域方言，既是其独特性的展示，也是制约其在全国推广尤其是让年轻观众喜欢的重要因素。部分观众因不通晓二人台地域方言，对二人台演出没有兴趣，即使对其感兴趣，也因语言障碍，无法更深入理解二人台艺术所呈现的魅力。这部分观众尤其是年轻观众对二人台艺术的参与是不高的。

（2）高质量剧本较为缺乏

二人台剧本创作从某种程度来说决定了二人台演出的质量。当前，二人台剧本在内容创新方面呈现出一定的短板和不足。无论是政府组织的二人台演出，还是民间艺人进行的二人台演出，表演所依托的剧本，多停留在传统剧目方面，反映新时代内容、百姓生活、群众冷暖的高质量剧本比较欠缺。政府组织的二人台演出，虽然在剧目创作方面，有一定程度的创新，在与新时代连接方面显示出某种能力，但仍然显得匮乏，不能全面反映新时代所产生的各类新事物和满足当下百姓的新需求。民间商演二人台艺术在实践中，遭遇“剧本荒”，尤其是捕捉新时代百姓情绪和思想方面，呈现出创新能力不够的局面，不能有效满足基层群众多样化的文化需求。部分二人台剧本未能深刻揭示新时代背景下，生活在转型期的人们身上具备的道德意味和审美品质，未能与变化性、流动性为特征的新时代内容进行有效对接。部分二人台剧本在政府财政支持下才能去创作，但阶段性特征突出，影响二人台长期演出。部分二人台剧本简单地理解政策，情节单一、人物脸谱化，没有释放足够的情感力量和体现深刻的主旨主题，不能有效吸引观众和满足群众的多元文化需求。部分二人台剧本情节构建主题不清晰，贯穿全剧的主线情节模糊，跌宕起伏的故事叙事不够，引人入胜的细节勾勒不到位，打动观众桥段能力不足。部分二人台剧本语言不够精练，生活表现张力欠火候，泥土气息表现不淋漓，角色鲜活程度不够突出，故难以吸引观众。

（3）优秀专业人才匮乏

二人台艺术的发展离不开二人台演员、编剧、导演等专业人才的聚集。二人台优秀演员较为缺乏。二人台因艺校招生荒，导致学习二人台专业的学生人数在下降，学习质量得不到保证，严重影响了二人台专业演员的培养，严重影响了艺校向二人台剧团输送演员的力度和质量。拥有二人台专业的艺术院校，存在重业务、轻文化的倾向，导致所培养的二人台演员文化底蕴不深厚，影响了对剧目的理解及演出的效果。二人台演员队伍呈现出参差不齐的局面。在二人台演出实践中成长起来的演艺人才，因没有编制保障和足够待遇，导致他们要么为了寻求稳定工作报考其他机关事业单位，要么就另谋他业。部分二人台演员出于维持生计而走上这条道路，文化程度不高、后天学习能力薄弱、艺术追求未有大的建树，影响了二人台演员质量的保持与提升。二人台优秀编剧也比较缺乏。二人台编剧不仅要熟悉戏剧知识，还要了解舞台、剧场的时空特征和演出规律，这是做好二人台编剧的重要基础。优秀编剧人员比较缺乏，能够沉下心深入追踪和研究二人台演出规律和剧本内容的人才更是稀少。二人台编剧只有了解内蒙古西部地区方言和百姓生活实际，方能撰写出高质量的剧本，这对于编剧来说，又增加了一个难度。加之，二人台编剧收入存在不稳定的状况，与影视编剧相比，存在较大的差距，这也影响了优秀编剧人员的加入及对二人台艺术事业的深耕。

（4）激励机制有待完善

首先，政府支持力度有待加强。从事二人台工作的人员工资待遇虽然比过去有了一定程度的提高，但是离贡献和价值相匹配的待遇还有一定的距离。文化馆、群众文化学会中从事二人台工作的人员，多半是退休的干部、教师、曲艺工作人员，开展的二人台活动多半是有活动经费或项目经费支持的公益活动，工作积极性、主动性、自觉性较为不足。二人台剧团、艺术团中的工作人员，需要排练场地、演出场所，以及服装、道具、器材等物资保障，但现有条件不能满足实际工作需要；有一部分工作人员虽有编制有固定工资待遇，但需要完成过多任务、承接过多活动，工资待遇不足以体现其工作的价值；有一部分工作人员是学有专长的临时聘用人员，他们的工资待遇较低却要承担繁重的工作。对于民间戏班、商业戏班中从事二人台工作的人员来说，决定其成长和发展的重要标准是观众和市场，如果观众不买账、市场不景气，直接影响他们的收入和积极性。一些戏班在分配演出收入过程中，为了团结所有人，避免矛盾和冲突，坚持平均主义的分配原则，看似保障了所有人的基本利益，减少了从业人员因为待遇问题而产生的矛盾冲突，但是对所演剧目达到精益求精是不利的，也不利于演职人员追求更高的演绎质量。这就需要在激励机制方面进行调整和优化。文化站、文化大院中的二人台演出多半是当地群众的自发行为，往往基于一种内在的热爱，他们没有基本的经费保障和相关的激励机制。

其次，晋升渠道有待畅通。从事二人台工作的人员，虽然基本保障比过去有一定程度的提升，但是在职业规划、晋升等方面，还有提升的空间。从事二人台工作的人员有的有职业规划，有的没有职业规划。有职业规划的二人台从业人员实现不了其职业规划目标。其中，晋升渠道不畅是阻碍二人台从业人员实现其职业规划目标的重要因素。部分二人台工作人员在有岗位编制的单位工作，虽有一定的晋升渠道，但是越往上走，岗位越少，出现了岗少人多的现象。

最后，需要提供更多平台。二人台从业人员受二人台市场、政府政策、观众兴趣的影响，出现了平台短缺甚至减少的趋势。二人台市场不景气，直接导致二人台从业者减少，为观众演出的平台减少、机会减少。政府缺少持续支持二人台艺术发展的政策，导致官方提供二人台演出的平台减少、影响力降低。二人台艺术演出缺少多样化、新颖化，导致二人台观众不断流失，二人台平台也随之缩减。二人台艺术发展过程中，出现了原有平台减少的问题，更不要说扩展更多演出平台了，这成为制约二人台艺术繁荣发展的重要因素。

3. 北疆文化视域下包头市二人台艺术繁荣发展的路径

为了进一步繁荣发展包头市二人台艺术，更好地满足群众文化需求、推进文化高地建设、服务包头市高质量发展大局，针对制约或影响二人台发展的问题，提出解决问题的实践路径，显得极为重要且必要。推动包头市二人台艺术繁荣发展应该从以下四个方面着手。

（1）提升吸引年轻观众的能力

二人台艺术的发展与繁荣，年轻观众的参与至关重要。通过多种形式，吸引年轻观众走近二人台艺术、了解二人台艺术、喜欢二人台艺术，成为推动二人台艺术持续发展的重要抓手。

首先，扩大受众群体范围。二人台艺术受众群体中，年纪偏大的人较多，他们乡土观念较强，对二人台艺术较为熟悉和认同，是二人台艺术的忠实观众。要发展繁荣二人台艺术，不仅要“稳住”老年观众，更要扩大受众群体，尤其要吸引年轻观众。要做好传承与创新工作。针对年轻观众，在传承二人台经典剧目的基础上，在内容上，增强剧本的传奇性、故事性、通俗性，多创作反映新时代年轻人关注的作品；在形式上，借鉴其他曲艺形式、要素、形态，增强二人台艺术表现力。要做好宣传和教育工作。在宣传上，利用多种方式，大力营造宣传二人台艺术的良好社会氛围，让更多人关注二人台艺术的发展。在教育上，让二人台艺术进学校、进网络。一方面，二人台艺术除了在大专院校设置相关专业外，还可以以创新中华优秀传统文化进校园的方式进中小学，让中小学生认识二人台艺术，培养中小学生对二人台艺术的兴趣，扩大二人台艺术受众范围。包头市第九十五中学邀请二人台表演艺术家朱志刚老师开展二人台艺术专题讲座，在讲座中既有二人台艺术基本知识的介绍和讲解，又有二人台艺术舞台演唱实践的展示和发挥，让师生能够系统了解二人台艺术的发展历史和鲜活的二人台艺术舞台魅力。另一方面，二人台艺术还要利用互联网，推出二人台网络教学课程，让观众能够随时随地系统了解和推广二人台艺术。苗露、丁磊老师录制的《百年二人台》网络课程，从二人台艺术的历史发展、音乐表演、文学作品、思想审美及研究状况等方面进行系统分析和阐释，不仅可以帮助观众了解二人台艺术的基本知识和发展历史，还可以在更大范围宣传推广普及二人台艺术。鼓励和支持二人台艺术进机关、进企业。一方面，二人台艺术通过进机关，丰富机关工作人员的艺术文化生活，提升其对二人台艺术的认识和理解度，为进一步支持二人台艺术的发展奠定基础。包头市中级人民法院组织干警集中观看二人台舞台剧《王老太太》，不仅感受到了二人台艺术的舞台魅力，而且增强了对革命历史的理解、锤炼了党性修养、坚定了理想信念。另一方面，二人台艺术进企业，丰富企业职工文化生活，满足企业职工文化需求，引起企业对二人台艺术的重视和支持。要大胆进行跨界合作。要把二人台艺术与电影、舞蹈、戏剧等艺术形式进行跨界合作，实现不同艺术要素和门类的整合，发挥整合后的整体效应，让观众感受二人台艺术跨界合作带来的创新成果。

其次，广泛开展各类活动。政府要为二人台事业发展提供平台，开展相关活动。要抓住二人台艺术节这样重要的品牌，推动二人台艺术再上一个新台阶。土右旗作为“内蒙古二人台艺术节”永久举办地，已经成功举办了七届内蒙古二人台艺术节，精心的组织、丰富的内容、多样的艺术形式、热情的观众，成为宣传二人台艺术的重要载体。以庆祝中国农民丰收节为契机，大力推动二人台演出走入基层，让丰收节成为农牧民的欢乐节、群众文化的舞台，营造浓厚的节日氛围。2024 年 9 月 22 日，包头市艺术剧院在达茂旗套马沟，为庆祝“2024 年中国农民丰收节”，奉献精彩演出，其中不少节目内容是二人台节目，吸引了众多观众前来观看，将此次演出推向高潮。深入基层了解群众的文化需求和对二人台艺术的具体建议，政府应加大力度支持剧院、剧团下基层开展二人台专项演出，形成制度，定期推行，不断满足基层群众想听戏尤其是观看二人台艺术的需求。在推进乡村振兴战略过程中，聚焦二人台艺术，将其作为文化振兴的重要内容去推广。一方面，从二人台已有剧目中，选择树时代乡风的内容，在乡村进行集中展演，发挥二人台艺术以文化人的作用。另一方面，结合乡村发展实际，统筹文艺志愿服务力量，利用二人台这种艺术形式，现场编演反映新时代村民正确的婚恋观、财富观、邻里观、家风观等内容，真正起到改变陋习、移风易俗的作用。在社区、牧区、农村、基层连队、边防哨所等地策划和组织二人台专场文艺演出，不断满足广大群众的文化需求。包头市九原区文化馆在包头市黄河风情园组织策划二人台专场演出。包头市土右旗文化馆组织二人台专场演出，在萨拉齐镇敕勒川社区俏夕阳文化大院等地巡演。包头市达茂旗文旅广电局在草原文化宫广场组织策划二人台专场演出。这些专场演出，内容丰富，极大地吸引了当地观众前来观看，满足了观众的文化需求。搭建平台，畅通渠道，让二人台艺术走进剧院，走出包头市，走进千家万户。包头市二人台演员不仅在包头市大剧院实现演出目标，还能够在人民大会堂、央视“星光大道”等重要平台、全国其他地方舞台，甚至到维也纳金色大厅进行演出，这些演出锤炼了技艺，宣传了二人台艺术这个地方艺术品牌。策划和组织沿黄河省市区，共同举办二人台艺术大奖赛，邀请权威专家当评委，吸引广大二人台从业人员报名参加，设立相关奖项，对获奖人员进行物质奖励和荣誉奖励，扩大二人台艺术在沿黄河流域的影响力和辐射力。

再次，积极利用网络平台。随着互联网技术的发展，网络平台越来越成为人们了解信息、休息娱乐、参与讨论、加深理解、互相学习的重要阵地。包括新媒体在内的网络平台具有传播速度快、影响范围广、互动性强、体验感好的特征，利用新媒体可以更好更快地传播、推广二人台艺术。二人台作为一种艺术形式，得到观众尤其是年轻人的关注，成为衡量其价值的重要标准。发展繁荣二人台艺术，要立足互联网技术发展实际，充分利用各类网络平台，加大力度宣传推广二人台艺术，增强其影响力、美誉度的同时，让更多人走进、了解二人台艺术。近年来，包头新闻网、文明包头、包头文旅在线、活力土右旗等媒体账号，积极宣传报道二人台赛事、演出、活动、文化、传承等情况，营造了弘扬二人台文化的良好社会氛围。以快手、抖音、视频号等新媒体为抓手，积极培养二人台网红和二人台艺术爱好者，打破时空界限，加强与同行的艺术切磋，与观众进行交流互动，不断提升二人台艺术从业者的职业能力，扩大二人台艺术影响力。鼓励文化站干事、民间戏班演职人员、民间艺人等群体积极拍摄二人台作品，在新媒体上推广和宣传，提升二人台艺术影响力。包头市土右旗乌兰牧骑二人台艺术团积极打造自己的快手公众号，及时发布二人台相关信息和作品，起到了一定的宣传推广作用。包头市达茂旗乌克忽洞镇文化站文化干事王顺利、党雪荣夫妇拍摄的《小西滩》《美丽乡村套马沟》等二人台作品，在快手等平台播放，因韵味十足、题材新颖而引发关注。积极利用二人台艺术宣传乡村振兴实践，对特色品牌、优势产业、专业素材进行作品策划、创作、演唱，实现宣传推广的目的，为村民收入增加、产业结构调整、经济快速发展等作出了贡献。坚持内容为王，鼓励有条件的从事二人台工作的演员利用新媒体，拍摄一些反映新时代风貌、贴近百姓生活的二人台作品，及时梳理和采纳观众合理的意见和建议，持续提升二人台作品质量和吸引力。整合编创力量，致力于挖掘和整理二人台人物访谈、幕后故事、心得体会等，通过网络平台加以宣传和推广，让观众深度了解二人台艺术、走进二人台艺术、共鸣二人台艺术。

最后，打造文化全产业链。树立市场意识，积极谋划二人台艺术如何走向市场，满足市场需求，实现社会效益经济效益双丰收。推动二人台艺术走向市场，打造二人台文化产业，延伸产业链，将其做大做优做强。加强二人台文化产业链之间的联系，从剧本撰写、舞台排练、商业演出、研讨交流、文创产品研发、影视资源开发等方面进行有效衔接与合作，发挥整体效能。坚持突出重点原则，紧抓打入市场这一工作重点，推动二人台文化产业健康有序发展。整合相关文艺剧团，实施二人台艺术精品战略，积极运营、打入市场、占领市场，吸引观众前来观看和欣赏。坚持注重延伸原则，依托本土知名音乐器材公司、服装产品公司，根据不同剧目需求，及时推出适合二人台艺术需要的音乐器材、服装产品；依托本土文创产品设计公司，及时推出文创性质的二人台演出道具、装饰品、纪念品等，促进相关行业繁荣发展。坚持有效融入原则，推动二人台文化产业融入旅游、餐饮服务等行业，制定发展策略，根据旅游、餐饮服务行业的特征，结合本土特色，体现民族风情，传承中华优秀传统文化。创新设计二人台演出内容，力推贴近观众、反映时代、通俗易懂、形式新颖的好作品，不断提升二人台作品的质量。坚持氛围营造的原则，整合资源，依托包头市土右旗、石拐区、东河区二人台艺术的历史文化资源，建立二人台艺术历史文化研究基地，为二人台文化产业提供历史文化感。包头市土右旗和石拐区二人台历史文化研究基地，应集中梳理二人台艺术的开山人云双羊的学艺经历和演出历史，并深入挖掘其推动二人台艺术形成中所吸纳的各类民间艺术，明确云双羊二人台艺术传承谱系，增加二人台艺术传播的历史厚重感。同时，可以结合当地特色民俗、口述历史、实物陈列等内容，做好二人台文化传承展示工作。包头市东河区二人台历史文化研究基地，应聚焦云双羊曾在今天东河区沙尔沁一带的演出活动，进行资料、照片、口述等内容展陈。包头市东河区北梁一带，活跃着一批二人台民间艺人，代表人物有樊六、计子玉等。他们历经磨难，淬炼出高超的二人台技艺，且在新中国成立后，在二人台演出和剧本创作等方面作出了巨大贡献。包头市东河区二人台历史文化研究基地应该把樊六等二人台艺人的学艺经历和作品传承作为重要内容进行宣传和推广。

（2）提升剧本创作能力

剧本创作是二人台艺术的关键和基础，直接关系二人台艺术发展的成败。整合资源，加大力度支持剧本创作，从财政投入、市场激励、个体培育、内容设计等方面进行努力，不断提升剧本创作能力。

首先，保护和传承二人台传统剧目内容。传统优秀的二人台剧目是经过时代和观众检验后传承下来的精华，里面集聚了观众的审美情趣和价值判断。政府应设立专项资金，整合资源，调动力量，通过跨部门、跨专业的合作机制，集聚二人台工作管理者、研究者、实践者、观看者的力量，全方位系统地整理二人台传统剧目。通过宣传部、文旅广电局的力量，将相关部门、机构或团体所掌握的二人台传统剧目内容进行梳理和归纳；通过组织专家学者，不仅有本土专家学者，还要邀请外地专家学者，就二人台传统剧目保护进行梳理和归纳；通过组织剧团、剧院、艺术研究中心、图书馆、博物馆等力量，汇集一批高质量二人台传统剧目；通过整合民间艺人的力量，抢救一批在民间即将消失、十分珍贵的传统剧目。

在二人台艺术传统剧目整理过程中，坚持分门别类的原则，按照二人台剧本题材的不同类型进行归类。从目前实际情况看，已经形成了爱情生活类、社会生活类、历史神话传说类等常规类型。对二人台剧目分类内容进行数字化、电子化存档，完善剧目档案体系，实现调取、观看、使用更加便捷的目标。文化部门应该定期举办专题培训，提升演职人员和编剧人员对传统优秀剧目内容的理解和把握。

其次，对部分传统二人台剧目内容进行创新和改造，使其符合当代观众的审美眼光和需求。通过市场手段激励新剧目创作。只有经过市场考验，二人台艺术方能持久发展甚至繁荣下去。二人台经典传统剧目具有一定的生命力，如《走西口》《打金钱》《探病》等，在百姓心中有着很高的地位和分量。但是，生活内容的陌生与脱节，给当代观众在欣赏上造成了一定困难。同时，观众对这些经典剧目有审美疲劳的现象，被戏谑为“走不完的西口，打不完的金钱”。为了传承这些经典剧目，改变观众审美疲劳的刻板印象，要结合时代特征和观众欣赏习惯，适时对其进行调整、修改，包括词、曲、音、演等要素上的调整和变化，在保持原汁原味的基础上满足当代观众的审美观感。在市场激励之下，对这种调整和修改予以迫切期待和实践践行，希望能大力促进二人台剧目内容丰富和创新。内蒙古敕勒川文化研究会曾组织专家编写《内蒙古二人台新编》，在保持原剧目名称、内容、情节不变的情况下，缩减文字篇幅，尤其剔除了与原剧目中心思想无关的内容，以及重复、雷同的内容，使唱词、道白更加精练简洁明快，更富有地区特色和时代特色。

再次，广泛进行二人台现代戏、当代戏的创作、排练和演出。加大对新创剧目的支持力度。对那些弘扬中华优秀传统文化、革命文化和社会主义先进文化的内容，进行深入挖掘和深度阐释，并通过二人台这种艺术形式来表现。包头市土右旗乌兰牧骑集体创作的大型红色革命二人台舞台剧《王老太太》，自公演之后，收获各方好评。该剧以独特的念白、深入的表演、优美的唱腔、富有特色的曲调等，再现了土默川平原上以王老太太为代表的毅然参加革命的英雄母亲形象。该剧得到了旗政府、旗文旅广电局的大力支持，成为内蒙古自治区 2023 年舞台艺术精品工程项目，获得自治区文旅厅 100 万元艺术发展专项资金。《王老太太》在各方大力支持下，经过剧本编创、演练，最终如期与观众见面，弘扬了红色文化，传播了正能量，在社会中产生了广泛影响。要对那些能够反映新时代人们生活状态、愿景目标、奋斗历程的内容进行梳理和分析，以二人台创作剧目的形式来表现。此外，包头市土右旗乌兰牧骑以弘扬二人台艺术为己任，积极撰写新戏、当代戏，也取得了丰硕的成果。

精心构思二人台当代戏剧本。调动有经验有作品的二人台剧作家的创作积极性，利用他们深厚的二人台文化底蕴，去挖掘当代社会中能反映时代状貌的波澜壮阔的内容。《花落花开》经多年打磨，几易其稿，终于完成，演出多场，获得众多好评和荣誉。《花落花开》分为“横祸生”“闹纠纷”“吐实情”“表真心”“喜临门”五部分，成功塑造了月清、喜顺等有血有肉的典型人物，讴歌了人间真情。作为一部成功的二人台当代戏，《花落花开》既有二人台传统剧目跌宕起伏的情节和内容、二人台的曲调，以及二人台常使用的手绢、扇子、霸王鞭等特征的呈现，又深刻反映了社会主义新农村建设过程中人们富足的物质生活状态和良好的精神风貌。

二人台剧本创作一定要坚持生活化的原则，真实反映当代年轻人的喜怒哀乐，呈现普通人的情感状态，揭示普通人的价值追求。二人台剧本创作过程中，要找到“小戏”这个突破口。深入把握时代脉搏，深入了解当代年轻人在其人生成长、职业选择、职场应变、情感走向、交友交际、家庭建设等方面的场景和情况，把准当代年轻人的思维方式、知识结构、情绪变化等内在和深层的内容，以短小精悍、冲突集中、情节曲折为特征贯穿“小戏”始终，配之以相应的艺术表现方式，最大限度地吸引普通人、年轻人，让二人台艺术的正能量影响更多人、带动更多人。

最后，优化环境，搭建平台，培育更多优秀二人台剧作家。组织二人台编剧和专家，深入基层、深入群众，进行现场采风，从现实和生活中，挖掘和提炼好主意、好片段、好故事、好内容，打磨出内容健康、语言通俗、篇幅精悍、特色鲜明且为群众喜闻乐见的优秀剧作。搭建平台，鼓励跨学科对二人台剧本创作进行理论探讨和研究，探讨二人台编创内容，明确二人台编创路径和方向。政府组织，企业赞助，面向社会开展二人台剧本创作大赛，邀请专家对参选剧本进行评审，选出优秀剧本，通过设置奖项、发放奖金和荣誉证书的形式，激励更多剧本作者写出佳作。依托包头艺校，开设二人台剧本创作专业，推行小班教学，着力培养二人台剧本创作专项人才。依托高校和培训机构，开设二人台剧本撰写专题培训班，邀请专家、编剧、演出人员等，为学员提供优质讲座，提升二人台剧本创作水平和质量。依托包头市艺术研究中心，充分发挥其在二人台艺术剧目创作、评论和研究方面的优势，用好专业力量，鼓励二人台原创性作品集中涌现，推动二人台剧目创作再上新台阶。整合力量，充分调动包头二人台艺术方面的人才力量，发挥老一代二人台专家的作用，认真做好包头二人台历史文化资源的挖掘与传承。成立专项资金或者通过社科联委托课题，让包头市二人台传承与保护得到专项支持、专题挖掘整理。让包头市二人台创作更有根脉传承和历史纵深感。政府通过协调文艺刊物、党报党刊、学报学刊等，尝试建立二人台剧本创作和理论研究的投稿渠道，建议将优质成果在这些报刊上刊登，促进二人台剧本创作和理论研究走上繁荣之路。依托文化大院，聚集民间艺人力量，现场打磨剧本，广泛听取民间艺人的意见和建议，对二人台艺术民间养料进行充分汲取，提高剧本创作的民间传承能力，丰富剧本创作的民间内容。协调、组织沿黄河城市二人台剧本编创座谈会，交流不同地区二人台编创的特色、经验、做法、心得，打破地域文化阻隔、各自为政的局面，实现文化成果共建共享。鼓励包头市二人台艺术编创人员走出去，与其他地方二人台编创团队进行交流、座谈和学习，与其他地方高校戏曲编创专业的师生进行交流、座谈和学习，拓宽眼界，开拓思维，从互鉴中汲取养料，不断提升二人台剧本创作的综合水平。

（3）培养优秀拔尖人才

二人台专业人才的培养是关系二人台艺术发展与繁荣的关键要素。没有二人台艺术人才专业素养的提升，就表演不出精彩作品，直接决定了二人台的出路和命运。

首先，政府要出台政策，为二人台人才培养提供良好环境。二人台人才的培养和储备是繁荣发展二人台艺术的核心要素。包头市政府及有关部门应整合全市各类教育资源，利用高职院校集中的优势，深入挖掘并开设与二人台相关的专业和课程。坚持学校教学和实践演出相结合，在学校教学中划分必修课和选修课，围绕二人台基本理论、历史发展、剧目创作、表演艺术等进行专题教学，提高学生在这方面的学习意识和素养；在二人台艺术基地、实践基地等平台，广泛开展二人台实践教育，提高二人台艺术的实践能力。政府广泛搭建交流平台，建立二人台学术交流机制，邀请全国各大高校戏曲领域相关专家学者，荟聚包头，围绕包头二人台艺术的传承与保护，进行专题交流，问诊二人台艺术发展中存在的症结，给出适合包头二人台艺术繁荣发展的良策，推动二人台艺术走上快速发展的大道。充分发挥二人台艺术协会、学会、团体等社会组织的作用，调动这些社会组织联系群众尤其是联系民间二人台表演者、从业者、热爱者的积极性，通过召开研讨会、举办联席会、开设专题讲座、进行手把手辅导等形式，凝聚二人台艺术从业者力量，共同推动二人台艺术发展进步，不断发挥他们的辐射和带动作用。紧紧抓住内蒙古二人台艺术节等重要品牌，邀请沿黄河省市区、相关城市的二人台从业团体和演员，为当地群众奉献精彩演出。用大型演出历练和培养二人台艺术从业人员，不断提高演出质量。认真研究国家艺术基金申报指南，组织专家学者和二人台艺术从业人员，立足本土二人台剧目演出实际，围绕打造二人台精品剧目，积极申请国家艺术基金项目资助，为培养优秀二人台人才、推广二人台艺术提供良好条件。出台政策，为社会力量、民营企业进入二人台行业提供便利，积极引导、支持、鼓励二人台文化事业、产业发展，培育做好二人台文化事业、产业的生态环境，吸纳优秀专业人才进入二人台文化事业、产业当中，不断提升二人台人才的综合素养。

其次，学校要增设专业，为二人台人才培养打下扎实的基础。统筹包头市内、市外两种学校资源，不仅要打通院校二人台专业人才与二人台剧团、民间戏班、商业机构等之间的人才输送通道，还要加强院校二人台专业人才与各级文化部门、演出单位等之间的联系，让专业人才在专业上发挥作用。从包头市内来看，在有条件的大专院校，增设二人台艺术课程，或为必修课，或为选修课；在有条件的高职院校，增设二人台艺术专业，采取小班教学，聘请专业老师前来授课。大力支持包头市土右旗职业技术教育中心，充分发挥其作为内蒙古自治区二人台艺术培训基地的作用，细化二人台专业学科，打造雄厚的师资团队，培养二人台各类艺术人才。依托包头艺校，恢复二人台艺术专业，广泛从知名高校对口专业引进专职教师，强化师资力量，面向社会公开招生，不仅吸引包头周围地区二人台爱好者，还要吸引其他地区的二人台艺术爱好者，为培养二人台专业人才创造条件。从包头市外看，与其他地方有二人台专业设置的院校加强联系，尤其要加强与内蒙古艺术学院二人台专业师生及呼和浩特市旺旺艺术学校二人台专业师生的联系。2006 年 9 月，内蒙古大学艺术学院（内蒙古艺术学院）开设“二人台表演”方向本科专业，培养了一批专业扎实、演出质量较高、获得大众口碑的专业人才。积极利用内蒙古艺术学院在土右旗成立的二人台培训基地，加强联系，围绕师资培训、实践教学、人才培养、现场指导等主题和内容进行交流合作。同时，还要让需要二人台专业人员的单位、机构、企业等与二人台专业学生建立联系、打通渠道，形成互相促进、互相影响的良好局面。呼和浩特市旺旺艺术学校有着较为长久的办学传统，积累了丰富宝贵的办学经验，培养了许多优秀二人台专业人才。加强与呼和浩特市旺旺艺术学校联系，共同做好二人台艺术的传承、保护、推广工作。

再次，加大力度支持剧团、戏班，为二人台人才培养提供实践载体。拓宽二人台人才培养的渠道和路径，不仅要发挥高职院校在专业设置、人才培养方面的作用，还要发挥剧团、民间戏班在人才培养方面的作用。包头市艺术剧院拥有雄厚的专业人才力量，在文艺下乡专题培训方面积累了宝贵经验，为基层文艺骨干、文艺志愿者进行现场讲解、实践指导，其中就包括二人台在内的艺术内容。包头市土右旗乌兰牧骑二人台艺术团因很多团员出自专业院校，有较强的专业编创、演出能力，故能在公益演出、送戏下乡、宣传推广工作中，迅速提升二人台从业者的能力素养。充分发挥土右旗乌兰牧骑二人台艺术团在文化馆、文化大院、新时代文明实践中心（所、站）等平台指导从事二人台演出的基层群众的作用，提高基层群众二人台理论素养和实践能力。二人台剧团和戏班有大量丰富的演出实践，应健全机制，畅通二人台人才向二人台剧团和戏班联系、互动的渠道。强化各类二人台人才在二人台剧团和戏班跟岗实习机制，先从学习二人台经典剧目入手，在实践中，学二人台艺术，悟二人台文化，磨二人台品牌，不断积累经验，提升艺术感受力。在此基础之上，聚焦具体题材，去做创新二人台艺术这项事业。这种跟岗实习，是最有效的二人台人才培养方式。

最后，着力培养非物质文化遗产二人台项目代表性传承人，发挥其传帮带作用，积极培养大批高质量的二人台人才。2021 年 6 月 10 日，《国务院关于公布第五批国家级非物质文化遗产代表性项目名录的通知》中正式将土右旗二人台艺术纳入国家非物质文化遗产代表性项目名录。土右旗二人台艺术的影响越来越大，尤其在非物质文化遗产文化项目方面，发挥着独特且重要的作用。抓住土右旗二人台艺术成为国家级非物质文化遗产文化项目的契机，紧紧依靠国家级、自治区级、市级非物质文化遗产项目二人台艺术代表性传承人这支专业力量，让他们在指导各级文化馆、基层文化站、文化大院二人台演出人员方面发挥培养人才的作用；让他们在参与各种有关二人台的艺术节、文化节、大型晚会等演出中发挥其优势；让他们给在大专院校、培训机构、中小学校中开展二人台活动的相关人员提供专业帮助。依据《中华人民共和国非物质文化遗产法》的要求，加强非物质文化遗产代表性传承人对二人台艺术的传承、保护，尤其从培养学徒、传播艺术和实现交流等方面用力。通过对二人台非物质文化遗产代表性传承人授予荣誉称号、发放特殊津贴补助、参加专题培训等方式，强化对二人台非物质文化遗产代表性传承人保护力度，切实推动其在二人台艺术传承与保护中发挥重要作用。扩大范围，广泛从从事二人台艺术的专业退休职工、民间艺人、基层群众等群体中挖掘二人台人才，积极推荐其为二人台非物质文化遗产代表性传承人候选人，为其传播二人台艺术搭建更大平台。充分发挥二人台非物质文化遗产代表性传承人在二人台牌子曲传承方面所积累的经验优势和重要作用，举办二人台牌子曲传承研修专题班，通过专题讲授、开展研讨、现场分析等，提高学员在二人台牌子曲方面的学习能力和素养，推动二人台牌子曲得以保护、传承，推动二人台牌子曲与时代发展实际相结合，创作出更多富有中国特色、地域风情、文化品性的二人台牌子曲，助推二人台艺术走上新的发展道路。充分发挥包头市二人台非物质文化遗产传承基地的作用，依托该基地，在人才培养、文化品牌打造、宣传推广等方面贡献其力量。打造二人台非遗艺术设计文创产品，在二人台演出现场、赶集会场、景点景区、文化产品展区、博物馆等地方，进行陈列和售卖，多方位宣传二人台文化。

（4）健全各类激励机制

二人台艺术的发展与繁荣，离不开健全的激励机制。拓宽思路，从政策出台、渠道畅通、平台搭建、推广宣传等方面发力，切实激发推动二人台艺术发展的内生动力。

首先，加大支持力度。按照国家支持和保护地方戏剧的相关规定要求，制定适合包头市发展实际的二人台艺术传承与保护条例，明确规定在财政上进行必要的投入，以支持二人台艺术的传承、发展和繁荣。包头市出台的《关于加快二人台艺术传承培养和创新发展实施意见》，对于发展和繁荣二人台艺术具有重要意义，其在很大程度上，为二人台艺术的传承发展提供了财政支持，针对包头市各类从事二人台艺术的戏班、社会组织、剧团、文化馆、文化大院等主体，予以相应的财政经费支持，保障其排练、演出、输出文化服务等方面的基本需求，确保这些主体能够持续开展二人台艺术活动。针对具有官方色彩的二人台剧团等，制定合理的工资体系，明确绩效工资部分与工龄、业绩、成果等挂钩，形成鲜明的激励导向，鼓励二人台剧团从业者辛苦耕耘、勤奋工作、多出成果。统筹和整合全市资源，让在社会组织、文化馆、文化大院等从事二人台工作的人员得到演出资源和机会，帮助他们更多承接政府购买服务项目，提升他们做好二人台工作的积极性和主动性。将二人台事业、产业放在文旅事业、产业这个高度去思考和谋划，广泛争取各类资源，为从事二人台工作的民间戏班和相关商业主体创造良好环境，推动二人台事业、产业更上一个台阶，为从事二人台工作的民间戏班与商业主体持续开展相关活动注入动力。

其次，畅通晋升通道。剧团等单位，出台激励措施，制定奖励标准，畅通上升通道，让甘于奉献、技艺精湛、工龄较长的人不仅得到较好的工资待遇，而且还能够在新的平台上继续发挥自己的作用。打通岗位壁垒，允许符合条件的人达到一定年龄时转入管理岗，让专业的人管理专业的事。打通职业壁垒，允许符合条件的人达到一定年龄时转入有二人台艺术专业的学校，既能发挥自己的才能，又能实现传帮带。打通职业界限，允许符合条件的人达到一定年龄时进入其他艺术类单位，加速人才流通，实现互相促进的目标。民间戏班等商演机构，鼓励二人台从业者多演出、多历练、多实践，加强与二人台专业剧团及文化部门的联系，技艺出众且未超一定年龄的人，实行特招，将其中的优秀者纳入编制队伍中以示奖励。在文化馆、文化站等从事二人台工作的人，畅通其晋升通道，对于服务年限长、业绩突出、群众满意度高的人员，开通绿色通道，予以职位提拔等。

再次，搭建更多平台。二人台演出需要平台。缺少平台，二人台演出就难以实现，更难以满足群众的文化需求。为二人台演出提供各类平台，扎实推动二人台工作迈上一个新台阶。畅通与内蒙古电视台、中央广播电视总台相关栏目联系的通道，通过开展选拔活动，将有基础、有底蕴、有才艺的二人台好苗子选拔出来，推送到内蒙古电视台、中央广播电视总台等平台，予以二人台从业人员才艺展示的机会，锻炼二人台从业人员的演艺能力，宣传扩大二人台艺术的影响力。

重视原有阵地。充分发挥剧场、戏台、文化大院、庙会等平台和载体的作用，为二人台艺术的传承、发展和繁荣提供阵地。戏台是二人台演员在历史上长期演出和活动的场所，有一定的历史传承性。晚清以来，在西口文化背景下，晋、陕等地农民跋山涉水来到内蒙古西部地区定居，随着商业活动兴盛，二人台剧目与庙宇戏台文化成为人们祭祀和娱乐的重要记忆。土右旗多个乡镇都有年代久远的老戏台，伴随着古村落建设越来越得到重视，这些老戏台得以修缮和再利用，成为推广二人台艺术的重要载体和平台。文化大院是源于个人自发筹建、政府大力支持、群众广泛参与的文娱活动场所，也是基层群众参与二人台艺术演出的重要平台，不仅培养了大批二人台演员，而且最大限度地满足了基层群众的文化需求，推动了基层群众弘扬社会主义核心价值观的良好风尚的形成。庙会是一种富有地方特色的民俗活动，集休闲娱乐、旅游观光、购物饮食于一体。二人台艺术是包头地区庙会活动的重要内容，要向庙会提供优质的二人台剧目和演出人员，尽最大可能留住二人台观众，不断满足二人台观众的需求。

开拓新阵地。充分利用夜市、广场、公园、那达慕（蒙古族传统节日）、文娱活动室、新时代文明实践中心、博物馆等平台和载体，推广和普及二人台艺术。在人群密集的夜市中搭建舞台，将二人台演出置于其中，让二人台演出富有烟火气。在广场上，依托二人台艺术中的舞蹈、歌唱艺术，推广具有二人台特色的广场舞，既有二人台艺术色彩，又能满足群众的广场舞需求，达到娱乐悦心健身强体的目的。在公园选择合适的地方，与群众围绕二人台相关剧目进行互动演唱。在那达慕大会上，增设二人台演出活动，让观众感受独特的地域风情。社区或村的文娱活动室、新时代文明实践中心，制订二人台演出计划，邀请剧团和民间艺人，组织二人台演出活动，做到与民共乐同乐。

最后，重视宣传推广。鼓励音乐人才和专家，撰写宣传推广二人台艺术方面的歌词，谱写对应曲子，提高二人台艺术在观众中的知名度、传唱度、美誉度，让年轻人走近二人台艺术、了解二人台文化。近 10 年来，由包头市文艺家推出的一批宣传二人台的通俗歌曲，如《亲亲的二人台》《我们的二人台》《咱们的二人台》等作品，在社会上有很高的传唱度和影响力，受到了观众的认可和喜爱，起到了宣传二人台艺术的作用。充分利用报刊及新媒体，积极宣传二人台演出活动、演出人员、创作剧本等。2024 年 1 月 16 日，《包头日报》第 7 版刊登了一篇记录九原区文化馆二人台演员平国锋与二人台故事的文章《平国锋讲述与二人台戏曲文化的故事》，深入浅出地概括了平国锋如何走上二人台演出这条道路的历程，以及对二人台的体悟和心得，吸引了许多读者去关注二人台艺术、了解二人台文化。土右旗举办的第七届内蒙古二人台艺术节，得到众多报刊及网络媒体的宣传报道，包括《经济日报》、央广网、新华网、草原云、奔腾融媒等，产生了广泛影响。二人台艺术受到越来越多的人关注。充分发挥电视台、电台等媒体的作用，开设二人台艺术栏目，创造特色文化品牌。借鉴《西口风》《西部乡音》等栏目的做法，不断规范、引导、优化二人台艺术，辐射带动更多群体，产生更为广泛的社会作用。聚焦二人台艺术音乐、戏剧、歌舞等主题，深入挖掘每个主题背后的努力和所取得的成效，利用电视台、电台等平台，策划相关专题，在黄金时间播出，去争取观众、赢得观众。充分利用互联网平台，开设二人台艺术网络课程，内容涉及二人台历史、演出实践、剧本创作等单元，为不同层次的观众包括学习者提供二人台艺术基本内容的学习载体。聘请二人台优秀演员演唱经典剧目，进行唱片灌制，形成系列，在社会中积极推广宣传。在城市公园广场、交通要道、学校、剧团等地，设置二人台宣传栏、张贴二人台宣传画；在农村牧区廊道干道、戏台戏院等地绘制有关二人台内容的墙绘，积极营造包头市二人台艺术宣传的良好氛围。

北疆文化建设在包头市的实践路径研究

“北疆文化”自2023年由内蒙古自治区党委提出以后，在全区获得了蓬勃发展，出现了欣欣向荣的局面。2023年7月5日，中国共产党内蒙古自治区第十一届委员会第六次全体会议通过了《内蒙古自治区党委关于全方位建设模范自治区的决定》，该文件中给“北疆文化”下了一个定义：“着眼传承发展中华优秀传统文化、推动中华民族现代文明建设，充分挖掘和生动展现内蒙古大地上的厚重历史文化和丰富人文资源，融红色文化和草原文化、农耕文化、黄河文化、长城文化等于一体，打造以各民族交往交流交融、守望相助、共同弘扬蒙古马精神和‘三北精神’、铸牢中华民族共同体意识为基本内容的‘北疆文化’品牌，教育引导各族群众牢固树立正确的国家观、历史观、民族观、文化观、宗教观。”

2023年12月，内蒙古自治区党委印发《关于推进北疆文化建设的意见》，对“北疆文化”这个概念进行了再次确认：“北疆文化是中华文化的重要组成部分，是在我国各民族共同缔造、发展、巩固统一的伟大祖国历史进程中，内蒙古地区各族人民秉持‘六合同风、四海一家’的大一统传统，广泛交往交流交融，守望相助、心手相牵，传承红色基因、赓续红色血脉，共同建设伟大祖国、共同守卫祖国边疆、共同创造美好生活，以铸牢中华民族共同体意识为主线，以爱国、忠诚、奉献为核心理念，以蒙古马精神和‘三北精神’为精神标识，融红色文化和草原文化、农耕文化、黄河文化、长城文化等于一体的地域文化。”内蒙古自治区党委组织专家学者对北疆文化的基本内涵、丰富内容、时代价值进行深刻阐释和论述，掀起了理论研究的新高潮。同时，内蒙古自治区各地结合自身实际，深入挖掘本地北疆文化资源，进一步做实北疆文化事业和产业，让北疆文化能够在人们的工作、学习、生活中实现落地。

1. 包头市推进北疆文化建设的深厚历史文化底蕴

包头市委、市政府高度重视文化建设，以习近平文化思想为根本遵循，依托本土丰富的历史文化资源，着力推进北疆文化建设，朝着打造新时代文化高地的目标迈进。包头市在红色文化、草原文化、农耕文化、黄河文化、长城文化等方面，有着深厚的历史文化底蕴，为推进包头市北疆文化建设奠定了扎实的基础。

（1）红色文化

红色文化是北疆文化的精神气质和鲜明底色，深刻反映了中国共产党带领各族人民艰苦奋斗、拼搏进取的光辉历程。近代以来，中国逐渐沦为半殖民地半封建社会。不同派别的先进分子先后登上历史舞台，提出不同的政治主张，试图实现救亡图存的目标，但是均以失败而告终。随着马克思主义在中国的传播，无产阶级力量的壮大，中国共产党宣告诞生，改变了当时中国革命的面貌。作为最早一批宣传俄国十月革命和马克思主义基本理论队伍中杰出的一员，李大钊为中国共产党的创建和发展作出了巨大贡献。中国共产党诞生后，李大钊在北京积极从事革命活动、宣传革命主张，扩大了中国共产党的影响。李大钊注意到北京的蒙藏学校有许多蒙古族学生在上学，便动员他们加入中国共产党。当时北京大学的学生邓中夏，在李大钊影响下，很快就走上革命道路，成为执行李大钊指示精神的革命先辈。邓中夏经常深入北京蒙藏学校，与蒙古族学生建立了深厚友谊，并鼓励一大批蒙古族学生走上革命的道路。在李大钊、邓中夏等革命先辈的影响和带动下，荣耀先、李裕智、乌兰夫等蒙古族学生加入了中国共产党。李裕智被党组织派遣来到内蒙古包头地区，出任中共包头工委书记，开展革命活动。李裕智在福徵寺、石拐矿区等地，留下了革命的足迹。1927年10月，李裕智在当时的伊克昭盟乌审旗英勇就义。王若飞、乌兰夫等革命先辈也在包头地区留下革命足迹，为革命奔走呼号。内蒙古自治区成立后，尤其在新中国成立后，包头成为“齐心协力建包钢”“三千孤儿入内蒙”的重要承载地，红色文化精神十分浓厚，影响了一代又一代包头人的成长。党的十八大以来，在习近平新时代中国特色社会主义思想指引下，包头市出现了模范检察官潘志荣、草原卫士阿迪亚等具有红色文化特征的先进人物，继续传承着红色文化精神。

（2）草原文化

草原文化是中华优秀传统文化的重要组成部分，也是北疆文化的重要内容，反映了草原人民在长期的历史发展过程中，互相帮助、学习、交往、交流、交融，共同熔铸成富有崇尚自然、践行开放、恪守信义特征的草原文化。崇尚自然方面，包头市达茂旗不仅有着美丽的草原景观，还印刻有独特风情的文化景观，塑造了草原人民热情好客、朴实乐观、积极进取的性格。践行开放方面，草原文化浸润了包头地区的民风，形成了包容大气、礼待四方的城市性格。从历史上看，包头地区是中原文化和草原文化、农耕文明和游牧文明的交汇地带，不同民族、人群在这里相聚，不同观念、思想在这里碰撞，推动包头形成了具有极强包容性特征的城市文化气象。包头容纳了晋陕冀及东北地区的移民，融洽和睦地在一起工作、学习和生活。这种开放包容的气质，还与包头作为历史上重要的交通枢纽这个区位优势紧密联系在一起。秦始皇统一六国后，在全国完善交通设施，修了驰道和直道。当时的直道，从咸阳一直通往北方，直抵阴山，也就是包头地区。直道的畅通，密切了关中地区和古代包头地区的人员、物资往来，为开放气质的形成奠定了物质基础。唐朝初年，唐太宗主政期间，政治清明、经济繁荣、文化昌盛，出现了“贞观之治”。同时，唐太宗还赢得了周边少数民族政权首领的景仰，称其为“天可汗”。为了表达对唐太宗的尊敬之情及对唐朝强大国力的钦服，贞观二十一年（641 年）正月，唐太宗接受铁勒部回纥等族酋长的提议，同意在回纥以南、突厥以北，开通一条道路，就是历史上十分有名的“参天可汗道”，这条通道是联系唐都长安与西北边境的驿道。当时的包头地区恰好是“参天可汗道”的途经之地。畅通的交通，密切了长安等地与当时包头等地的联系，为各地频繁往来奠定了基础。元代也有着完善的交通体系，现如今位于包头市九原区麻池镇的燕家梁遗址，是当时重要的水陆驿站，反映了当时贸易的繁荣，也为密切不同地区的联系奠定了基础。恪守信义方面，来到包头的旅蒙商，当然也有晋商，坚持恪守诚信的原则，赢得了蒙古族人民的信赖，确保了贸易的持久进行和商业活动的繁荣。清朝道光年间，在包头的旅蒙商号如德义厚等，之所以十分有名，且影响力较大，很重要的原因之一在于他们在商贸活动中能够做到恪守信义。

（3）农耕文化

中国古代是农业社会，有着十分悠久的农耕文明史，由此形成了农耕文化，孕育了中国人独特的思想观念、人文精神和道德规范。包头东河区阿善遗址在新石器时代就已经有人类活动的遗迹，阿善先民从事农耕等劳动。秦汉时期，随着在包头地区推行郡县制和移民政策，农耕文化对这个地区影响甚大。此后，历朝历代，农耕文化在这里不断传承。明朝在土默川平原发展的板升农业，更是农耕文化影响的生动见证。此后，随着走西口浪潮的到来，晋陕冀农民千辛万苦来到内蒙古西部地区，其中就有今天的包头地区，他们带来了先进的种植技术，开垦了大片荒地，促进了内蒙古西部地区生产力的发展。

（4）黄河文化

黄河是中华民族的母亲河，孕育了中华文明，塑造了中华民族自强不息的民族性格。历史上包头地区之所以能够有频繁的人类活动遗迹和经济发展的景象，一定程度上受益于黄河。包头位于黄河几字湾中“几”的中间位置。优越的地理位置，不仅推动了包头地区经济发展，还促使农耕文化、游牧文化等多种文化在这里汇聚。在历史上，包头因享有黄河重要位置的缘故，促成了包头商业的繁荣。黄河发达的河运经济，促进了包头皮毛业等商业走向繁盛。包头成为历史上有名的“皮毛集散地”，这与黄河有着密不可分的关系。

（5）长城文化

长城是中华民族的精神象征，凝聚了中华民族自强不息的奋斗精神和众志成城、坚韧不屈的爱国情怀，是中国现存规模最大的历史文化遗产。内蒙古长城资源极其丰富，且拥有自己独特的价值。“从地理位置上看，内蒙古的长城不仅跨越了黄河，连接起了北方多条山脉，还与中国的古代丝绸之路相连。丝路文化与黄河文化、游牧文化与农耕文明在内蒙古长城段这里交汇和融合，形成了中国北方独具特色的长城历史文化带。”[①] 包头的长城资源十分丰富，在内蒙古所辖长城当中占有重要地位。包头有战国、秦、汉、北魏、金等历史时期的长城遗址，境内共有长城 661.4 千米，891 段长城段落，分布于昆都仑区、青山区、东河区、九原区、石拐区、固阳县、土右旗、达茂旗等 8 个旗县区。长城文化在包头得到了传承与弘扬。目前，中国现存最古老的长城之一——石拐赵北长城遗址，是战国时期赵武灵王经胡服骑射改革后，国力强盛，西端抵达包头境内，为抵御匈奴南下，修筑了此长城。秦始皇派大将蒙恬在阴山修筑长城，汉朝为防止匈奴南下而修筑长城等历史典故，均与包头地区有关。当前，长城成为凝聚民族信心、增强文化认同、构筑共有精神家园的重要抓手。

2. 包头市推进北疆文化建设过程中遇到的问题

（1）缺乏整体统筹考虑设计

为了推动文化建设深入开展，包头市提出打造新时代文化高地，对北疆文化的内容做了部署，但整体上缺乏对包头的红色文化、草原文化、农耕文化、

---

① 宋蒙：《长城国家文化公园内蒙古段建设研究》，研究出版社 2022 年版，第 26 页。

黄河文化、长城文化等内容进行统一设计、规划、布局和推广、宣传。红色文化设计、规划、布局、推广、宣传，比较独立，没有与其他几种文化类型统筹考虑和设计，合力作用有待进一步释放。

（2）财力支持力度有待加强

包头市对北疆文化建设，虽然争取了一些财政支持，匹配了相关的财政政策，但是离系统谋划、统筹布局还有一定的差距。有的支持，虽然取得了成效，但没有形成制度化，存在时有时无、时强时弱的情况，影响了受众的用户体验和口碑评价。财政支持在完善北疆文化建设推进中所需要的基础设施、文化宣介、品牌打造、产业链形成等方面，还有提升的空间。

（3）融入生活的气息不浓厚

包头市虽然将本土所具有的北疆文化资源，在形象设计、文化推广方面取得了一定的成效，但是存在文化和商业两张皮的现象，没有很好地融合，也没有很好地融入居民日常生活，难以达到“日用而不觉”的境界。

（4）文化业态品牌需要打造

包头市虽然对长城、黄河等资源进行了利用，吸引了大量本地居民，产生了一定的轰动效应，但是在如何吸引外地游客、提高人流、增强文旅收入等方面的举措还不多，效果还不明显。文化业态品牌打造力度不够，即使在已有的业态品牌当中，发挥持久的带动示范作用能力还不够突出和显著，与发达地区、先进省市的成功案例相比，仍然有提升的空间。

3. 包头市推进北疆文化建设的实践路径

（1）提高政策整体设计布局能力

包头市委、市政府高度重视文化建设，尤其是北疆文化建设，出台了《关于全力打造新时代文化高地的实施意见》（以下简称《意见》），明确了全力打造新时代文化高地的总体要求、重点任务及保障措施，为推进北疆文化建设，全力打造文化高地，加快建设文化强市提供了方向和指引。《意见》紧扣北疆文化这个重要抓手，立足包头实际，着力推进北疆文化建设："系统梳理包头地区历史文化脉络，充分发掘阐释红色文化和草原文化、农耕文化、黄河文化、长城文化的内涵要义，以及与西口文化、工业文化等多种文化形态间融合共生的实践特征，为繁荣文化艺术创作生产提供基础性支撑。"包头不仅将本土的红色文化、草原文化、农耕文化、黄河文化、长城文化作为重要的内涵挖掘对象，而且还对本土的西口文化、工业文化等进行阐释和研究，这就为北疆文化建设整体推进奠定了扎实基础。从整体上布局红色文化、草原文化、农耕文化、黄河文化、长城文化的阐释、挖掘、传承、展示、宣传，注重不同类型文化的互动和协同推进。充分发挥王若飞纪念馆、乌兰夫早期革命活动旧址、草原英雄小姐妹事迹展览馆、"齐心协力建包钢"展陈馆、以三千孤儿入内蒙为主要内容的"石榴花开"主题园等红色文化资源的作用。以赛汗塔拉城中草原和达茂旗希拉穆仁草原为抓手，通过举办那达慕、音乐节晚会、二人台演出等活动，进一步推广草原文化并展示草原文化的魅力。以全市推进乡村振兴战略的乡镇为抓手，推出农耕文化研学品牌，吸引党员干部、知识分子、学生、游客等群体，参与农耕文化体验活动，增强其了解农事、参与农事、宣传农事的主动性、自觉性和积极性。以包头黄河国家文化公园、包头黄河国家文化公园博物馆、黄河开河观凌周文化旅游活动、包头黄河国家湿地公园等宣传推广黄河文化的载体为抓手，讲好黄河故事，宣传好黄河文化精神。做好对全市的长城资源摸底调查，全力推进固阳秦长城国家文化公园建设，不断完善基础设施、丰富活动内容、加大研学力度，增强打造文化新业态力度，积极推进石拐赵北长城遗址保护建设，完善健步廊道，让游客领略包头独特的长城文化，让弘扬长城文化成为包头人的行动自觉。启动和推进其他长城遗址保护工作，形成点线面联动局面。

（2）争取各类资金加大财政支持

对于包头北疆文化建设项目予以财政上的大力支持。配合文化高地建设，支持包头北疆文化建设，不仅要做好总结、梳理、宣传、推广工作，还要研究可持续发展的问题，让包头本土有关北疆文化内容的文化遗产得到最大程度的保护。对于包头本土的文物古迹、文化遗产、考古成果、文化遗存等，加大财政拨款力度，不断增强保护意识，为子孙后代留下福音。领会《长城、大运河、长征国家文化公园建设方案》《黄河国家文化公园建设保护规划》等文件精神，做好包头长城国家文化公园和黄河国家文化公园建设，积极争取中央财政对地方建设长城、黄河国家文化公园项目的专项资金支持。

（3）将文化标识嵌入百姓生活中

将包头北疆文化内容在公共文化设施建设、城市标志性建筑建设、旅游景观陈列等方面的体现进行集中展示和宣传。在把画匠营子村打造成“天下黄河第一村”的过程中，在画匠营子村的显著位置，张贴“天下黄河第一村”宣传语，通过参加黄河观凌活动，吸引大批游客前来体验参观，让游客体会“天下黄河第一村”的丰富活动内容和重要时代价值。包头市应着力推进老包头走西口历史文化街区建设，深入挖掘老包头西口文化的深刻内涵和发展历程，将西口文化要素融入街区建设场景，让游客在街区参观、参与、体验过程中，加深对西口文化的理解。市委宣传部、市社科联、市档案馆等部门，应积极对接山西忻州、朔州、晋中、太原等地，学习这些城市在西口文化宣传、标识展示等方面的成功经验，融入打造包头西口文化街区建设，使其成为包头文化新坐标。包头市推进“包棉 1958”项目建设，将弘扬纺织文化和纺织人精神嵌入其中，形成独特的文化标识，将会对参观者产生深度影响。包头市石拐区积极推进“大发 1913”特色历史文化街区项目建设，充分展示矿山文化精神，使其成为砥砺前行、奋斗不止的重要文化标识。

（4）着力打造新的文化业态品牌

围绕北疆文化内容，着力打造更多文化业态品牌，形成品牌矩阵，释放综合效能作用。培养市场思维，树立打造精品文化品牌意识，推动黄河大集、长城文旅产品、观光草原产业、西口文化旅拍产业等形成文化产业集群。按照精细化、市场化、情境化的模式，精心布局，既要传承北疆文化精神，又要取得经济效益，形成较大规模、更大影响力的产业品牌。组织专门团队赴开封、西安、洛阳等城市，学习这些城市在文化品牌、业态布局、产业升级改造等方面的新经验、新做法、新思路，提升包头市文化产业的竞争力和影响力。加强宣传引导，不仅要在传统媒体上进行宣传阐释，还要利用抖音、快手、视频号等新媒体、自媒体，做好宣传推广工作，实现文化业态品牌高质量发展的目标。

西口文化的形成过程、基本精神和时代价值

1. 形成过程

西口文化的形成，离不开走西口这一历史过程。人们通常将长城以里的地区称为“口里”，长城以外的地区称为“口外”。走西口又称走口外、跑口外。“‘口’，本来是指明后期隆庆年间在长城沿线开设的‘互市’（又称‘马市’，指在官方控制之下于指定地点进行贸易）关口。所谓东口西口，是人们习惯的以大同为界的一个叫法，东面的张家口为‘东口’，西边的杀虎口为‘西口’。同理，长城以内的地区称为‘口里’，长城以外的地区叫作‘口外’。”① 明朝隆庆和议后，在明朝北部边境、长城沿线开设“互市”关口，张家口、杀虎口、古北口、喜峰口等因地理位置重要、商贸活动频繁、人员来往密集等逐渐发展起来。

清朝初年，朝廷对蒙古地区的管理是十分严格的，不允许内地人前去开垦。为了平定西北叛乱，朝廷为了解决物资供应问题，允许“口里”的汉族去蒙古地区进行开垦和做生意。随着朝廷对边疆政策的松弛，大批“口里”农民开始往口外讨生计、做生意。大批晋陕冀等地农民，为了谋生，经长途跋涉，跨越长城各口包括杀虎口，来到内蒙古西部地区进行生活定居和农耕生产，这就是“走西口”。作为我国移民史上重要的历史事件，走西口从出发地来看，

① 张世满、李萍：《粮油故道》，山西教育出版社 2014 年版，第 44 页。

涵盖了众多地域。“它（走西口）涉及的活动范围非常广泛，主要是指雁北的朔县、平鲁、左云、右玉、山阴五县，晋西北的河曲、保德、偏关三县，陕北的府谷、神木、榆林、横山、靖边、定边六县等地区。”① 走西口从落脚地来看，也涵盖了众多地域。“他们（走西口的人）进入长城以外内蒙古草原垦殖谋生，集中于归化城土默特、伊克昭盟、察哈尔、鄂尔多斯、河套等地。”② 走西口的过程波澜壮阔，不仅改变了无数人的命运，也改变了内蒙古西部地区的经济结构、社会面貌、文化形态。蕴藏在走西口这一历史过程中的文化内涵和基本精神，外化在物质生产、商业土壤、生活习俗、文化艺术、建筑风格、民族融合等领域，逐渐推动西口文化的形成，并成为宝贵的精神财富，代代相传。

2. 基本精神

（1）不畏艰险。在走西口的过程中，要遭遇政府禁令、土匪抢劫、颗粒无收、谋生不易、自然灾害、各种疾病、路中凶险等困难。清朝初期，为了稳定蒙古地区的社会秩序，保护当地畜牧经济的完整性，朝廷颁布禁垦令，禁止内地农民去口外开垦荒地。许多口里农民冲破禁令，纷纷到口外谋生。漫漫西口路，可能遭遇官兵盘查和土匪抢劫，尤其遇到土匪时，往往是九死一生。路途中遇到的土匪强盗，被称为“棒子队”，以打劫抢财为目标，给走西口的人带来了巨大威胁。虽然明知有土匪，但挡不住西口人代代西走的脚步，反映出走西口人不畏险恶的坚毅精神。走西口人的家乡，很多是穷乡僻壤，经常遇到颗粒无收的年景。走西口的河曲人有很多，这与河曲的贫瘠是分不开的。“河

① 晋商与西口文化论坛组委会:《纵论西口》，山西春秋电子音像出版社 2006 年版，第 145 页。

② 陈思:《文化同构与族群融合：多元一体格局下中华民族共同体的历史演进》，研究出版社 2023 年版，第 186 页。

曲自古土地贫瘠，俗语：‘河曲保德州，十年九不收。男人走口外，女人掏苦菜。’”[①] 当地百姓过着食不果腹、衣不蔽体的生活。很多时候，以草根、野菜、树皮等为充饥食物。为了让全家有饱饭吃，家中的年轻人就要外出谋生，通过走西口，来赚取钱财，贴补家用。他们一路向西，有的在西行途中遇到好的差事，就停下来揽活打工，等到年底赚取微薄的薪酬就返回家乡过大年。在盐场、煤窑等干活，磨破脚皮、忍受责骂。这些外出的打工人、谋生者面对困难，没有选择退缩或逃避，而是勇敢地面对，咬牙坚持，代代相传手艺和经验，逐渐积攒起一些积蓄。走西口过程中，常遇到风沙、大雪、暴雨等恶劣气候。行途当中，在沙漠腹地，风沙满天飞，不仅容易迷路，而且容易被风沙掩埋；遇到雪灾，不仅会被困在其中，还会有生命危险；途中常遇到草地暴雨，行装潮湿、帐篷阴冷，许多人在暴雨环境中得了严重的腿脚病。当然，走西口的这些人中不乏身体有恙的，不乏积劳成疾的，疾病成为他们要克服的重要一关。走西口的人还要经常风餐露宿，常要面对虎豹狼虫。虽然会遭遇这么多危险，但是走西口的人前后相继，丝毫不影响他们奔赴内蒙古西部地区的决心和信心，只不过是行进途中变得更加小心、更有经验、更富智慧。

（2）坚韧不拔。走西口的人在落脚后，从事不同的行业，在极为艰难的条件和环境下，能够发扬踏实肯干、兢兢业业、富有担当的精神，最终成功地在当地扎根，体现出坚韧不拔的精神。在走西口的人群中，有垦荒的，有掏甘草的，有打短工的，有当伙计的，有当羊倌的，有经商的，等等。无论从事哪种职业、哪个行当，走西口的人身上坚韧不拔的精神是突出的、共通的。落脚到内蒙古西部地区后，走西口的人通过勤劳的双手，开垦出大片荒地，让荒地变成良田，满足了当地百姓的粮食需求。走西口的人来到杭盖旗掏甘草。杭盖旗甘草资源丰富，吸引了大批走西口的人前去掏甘草。他们自带干粮，早出

① 田昌安：《实录走西口》（全三册）上卷，三晋出版社 2013 年版，第 179 页。

晚归，胳膊臃肿是常有之事，偶遇沙土崩塌，还会有生命危险。打短工的，在后套地区，收秋之活，忙得不亦乐乎。他们面对高原气候、早晚温差大、蚊子多，用自己的双手去割莜麦、挽豆子，手生老茧、满手血迹、双手流脓的现象时有发生。当伙计的不仅要严格遵守店铺的各项规章制度要求，还要承担繁重的工作任务。伙计在这个过程中，增长了才干，锻炼了能力，开阔了眼界，了解了社会，为日后自己单干或者创业奠定了基础。曾在包头皮毛店明远堂当伙计的牛邦良因勤快聪明，得到在包头投资的财东赏识，在新开的皮毛店广恒西当副经理、大掌柜，经营皮毛、绒毛、牲畜、药材、货栈、油房、碾房、缸房、钱庄等，生意逐渐发展起来。代州人柳演，年轻时自带干粮行李赴归化城，在茂记杂货铺当伙计，边学边干，不仅推动商号走上正轨，还逐渐成为店铺大掌柜，在归化城商界影响力极大。当羊倌，要经过测试和训练，才能成为一名合格的牧羊人。作为羊倌，要学会骑马，便于放羊牧羊；要学会驾驭牧羊犬，便于带领牧羊犬抵御群狼、独狼、残狼的袭击；要学会驯头羊、剪羊毛，便于做好羊群管理工作。从事经商的人，如来到包头的乔贵发与秦姓友人开设草料铺，兼营豆腐、烧饼等食品，买卖时好时坏，不太稳定。生意低落时，乔贵发一度返回祁县种地。秦姓友人因买卖黄豆而大赚一笔，遂又邀请乔贵发重新来到包头创业，开设广盛公字号，经营米、面、油、蔬菜、绸缎、布匹等，生意愈发兴隆。从事不同行业的走西口的人，只因具有坚韧不拔的精神，才能克服工作中的万难，在陌生的环境中，闯出属于自己的一片天地。

（3）吃苦耐劳。大批走西口的人长途跋涉，来到地广人稀的内蒙古西部地区，与当地蒙古族等各族群众共同开发了这片热土。在开发的过程中，他们发扬吃苦耐劳的品质，不仅让落脚的地方换了新颜，而且丰富了当地的生产生活内容，促进了当地经济社会的发展。“包头远居塞外，与内地甚为隔绝，奇异物品，市面罕有，人皆粗衣粝食，其耐苦茹艰，实有三晋遗风。迄至今日，交通便利，百货麇集，而土著之民，仍不改其故态，其笃厚之处，实非他处所能及。”[①] 有如走西口这样的移民潮，打破了内蒙古西部地区相对“隔绝”之状，本有的“耐苦茹艰”之风，与来此谋生定居的走西口者身上的耐苦之风相契合，共融之下，凝聚并形成建设包头的强大合力。走西口的代州人在康熙年间来到包头地区博托河东岸，通过向蒙古族租种土地，维持生计。博托河东岸多为沼泽之地，耕种有极大难度。来到此地的代州人克服困难，用勤劳的汗水浇灌此荒凉之地。他们忍酷暑、冒寒风，一年四季用心地造田改壤，不仅将沼泽之地变为良田，在良田上种植了多种粮食蔬菜，而且依靠所种粮食蔬菜开设了诸多商号作坊。萨拉齐镇公布村，早在康熙年间就有河曲人前来落户，租种蒙古族的土地，通过提升农耕技术，辛勤耕田，不仅有良田多顷，还有牛羊多头。包头的万水泉，因昆都仑河西移，万水泉逐渐成为荒漠之地。代州人戴姓夫妇通过走西口，来到万水泉，向乌拉特东公旗租种土地。经过几代西口人吃苦耐劳、艰苦奋斗，万水泉的面貌发生了变化。“经过几代走西口人的艰苦耕耘，万水泉麦垄成行，植柳成园。”[②] 通过走西口来到察右中旗一个村子落脚的张家，被当地一个大户人家雇上干农活，一年四季忙于田地，因肯吃苦、多付出，年底多挣了许多大洋。

（4）敢于创业。走西口的人落户内蒙古西部地区后，为了维持生计、站稳脚跟、成家立业、养活家庭、积蓄钱财，甚至为了光耀门庭，以敢为人先的精神大胆创业，不仅在当地得以立足，而且逐渐走出一条自立自强的道路。走西口的人发现草原地区牛马羊资源丰富，而自己的家乡晋陕等地地势平坦、交通便利，有对牲畜的大量需求。于是，他们根据区位优势和市场需求，开始贩卖牲畜和皮毛。曾经的归化城东南 70 千米处有一个叫黄合少的地方，集聚了大

---

① 李红权、朱宪:《近代蒙古文献大系·概览卷》（全八册）第一册，中华书局 2018 年版，第 332 页。

② 田昌安:《实录走西口》（全三册）上卷，三晋出版社 2013 年版，第 194 页。

量来自山西忻县的走西口的人。他们通过给蒙古族放牧，有了一定的家业和资金，于是将资金投入贩卖牲畜这个行当，将草原地区的牛马羊，运至山西乃至更远的地方，积累了很多资金。有了钱财后，他们在人口密集的地方，开设了草店和粮店，品类丰富，分为批发和零售，生意十分兴隆。有了更多财富后，他们又投资开设了绸缎店、布匹店、金店等，吸引了大批顾客。走西口到归化城的董家，经过几代人的积累，有了丰厚家产和雄厚的财富。到了道光年间董义这一代，开始选择创业，用自己占有的土地和拥有的财富，种植花卉和蔬菜，形成了独特的私家花园，成为远近闻名的景点。祁县乔家在包头开设复盛公、复盛西、复盛全、复盛油坊、复盛菜园等"复字号"，设立旅馆、当铺、钱庄、票号等。乔家在包头商业起步和发展，由无到有、由小到大，体现了敢于探索、开拓进取、勇于创业的精神。忻县的贾所成因生活贫苦，踏上走西口之路，来到当时交通便利、商贾密集的丰镇。贾所成选择创业，每天挑着小担，起早贪黑、走街串巷，做起了货郎生意。虽然辛苦，收入也很微薄，但是没有动摇贾所成干事创业的决心和信心。他咬牙坚持，生意逐渐好转起来，钱财积累日益增多，终于在丰镇站稳脚跟、成家立业。

（5）诚实守信。在走西口过程中，大部分人还是坚持诚实守信的，以诚实守信为做人、立身、交友、行事、经商的根本。忻州人陈吉昌少时走西口到归化城，在其为人处世中，谨守"诚信"二字，得到人们的尊敬。"陈先生讳吉昌，忻州人。幼贫乏，十四岁徒步如归化。时忻人业商者，多在归化。先生至，依乡戚，初习当业，继而入运货店。与人交，一依诚笃。代运屯寄，事隔数年，毫无少误。以故各省商贩，皆乐就之。先生业日以起，且名于时。"① 走西口的人在与当地蒙古族交往过程中，互相均能以诚相待，不仅能够密切地合作贸易，还能够在生活上、艺术上进行互帮互助互融。走西口中的经商者，在

① 田昌安:《实录走西口》（全三册）中卷，三晋出版社2013年版，第642页。

经营理念实施、经营管理、品牌打造中，突出诚实守信，不仅使得自己的商业规模越做越大，还赢得了广大顾客的高度好评和信任。“所谓晋商者，因此处昔属晋省，故晋省之人，如祁县、崞县、太谷、忻县、太原、平遥等县来此（包头）营商者，实属多数，朴实耐劳，诚信素著。”[①] 走西口中的经商者在包头落脚之后，开设典当行、粮店、药店等，以讲诚信为主，允许挂账赊账或先买后付。这些商店的账单就是一笔诚信册，记录了开店之人讲诚信的过程。商号之间如发生债务，要倾尽全力进行偿还，这也是诚信精神的体现。商号所售物品，不仅保质保量，而且允许退还，这种信用精神赢得了顾客的信赖。包头旅蒙商号复义兴，经常要去库伦做生意，受到库伦当地王公的欢迎。复义兴大掌柜梁大汉还为赴库伦的驼队人员进行常规培训，其中一段顺口溜让人印象深刻：“讲信用，拉相与，对待蒙人要真诚。复义兴，走蒙地，一路要留好名声。”[②] 祁县乔家在包头的复盛油坊，在一次运输胡油到山西的途中，被经手职工趁机在油中掺假，以期谋取厚利，被掌柜察觉，立即重装新油重新发货。复盛油坊虽然暂时蒙受损失，但是展示了自己的信用，在市场中赢得了顾客的信赖。包头的商号广恒西，之所以规模很大、声名远播，很重要的原因之一在于其经营过程中讲究诚信。各地给广恒西发货，一般采取发货不随人、货到付款的方式，这是广恒西信用程度高的具体体现。

（6）以和为贵。以和为贵是中华优秀传统文化的重要内容，在西口文化中有鲜明的体现，是西口文化的重要组成部分。走西口的农民、商人等群体，坚持“和”的精神、理念，克服千难万险来到内蒙古西部地区，经过千辛万苦在当地定居、生活、创业，这是他们成功的重要因素。他们来到内蒙古西部地区

① 李红权、朱宪：《近代蒙古文献大系·概览卷》（全八册）第一册，中华书局2018年版，第333页。

② 田昌安：《实录走西口》（全三册）中卷，三晋出版社2013年版，第593页。

后，积极学习当地少数民族的习俗、礼节和语言，与当地包括蒙古族在内的各族群众共同生活、生产，和睦相处。蒙古族如果遇到走西口的人，就会邀请他们到蒙古包休息、吃饭，彰显出蒙古族热情好客、以和待人的传统。走口外的商人在落脚后，无论是待人之道，还是经营之道，都讲究和善待人、和气生财。只有这样，才能更好地融入当地，更好地打造品牌。设在准格尔旗的德和厚商号，曾经在历史上繁荣一时，引领潮流。包头的旅蒙商号中带有“和”“合”字样的有很多，比如“复合西”“合和久”“同心和”“福和兴”“天聚合”“和合德”“复义和”等。从这些创设的商号名字来看，“和”的理念已经深深地融入这些商号的经营理念和品牌设计当中。

3. 时代价值

（1）为促进民族交往交流交融提供文化支撑。在走西口过程中，大批晋陕冀等地汉族农民进入内蒙古西部地区，与当地蒙古族在内的各族群众，一起生产、生活、工作、娱乐，参加文化活动等，促进了各民族交往交流交融。从经济方面看，大批晋陕冀汉族等地农民、商人进入内蒙古西部地区后，或租种当地蒙古族土地，或与当地蒙古族做生意，或从事其他不同的行业，共同开发了大量荒地、共同促成了商业繁盛、共同促进了经济发展和社会进步。“紧缘长城的归化城土默特、察哈尔右翼、伊克昭盟南部是走西口先民最先进入的地区，因而出现农业生产较早。”[①] 晋陕冀等地汉族农民带去了先进的农耕技术和生产力，与当地蒙古族等各族群众共同开发的过程中，结成了荣辱与共的经济共同体。在走西口过程中，内地的农具、绸缎、茶、糖、烟等物资运输到草原；草原地区的牲畜、皮毛等物资运到内地。经济上互通有无、共赢多赢，让结成的经济共同体更加稳固。从社会方面看，大批晋陕冀等地农民、商人通过

① 刘忠和:《“走西口”历史研究》，内蒙古大学出版社 2010 年版，第 51 页。

走西口，在内蒙古西部地区落脚定居后，与当地蒙古族等各族群众在长期交融基础上，在生活观念、习俗等方面能够互相影响，形成了新的生活方式和社会面貌。从文化方面看，大批晋陕冀等地农民、商人与走西口落脚地的各族群众，在民俗、艺术、婚嫁、建筑、宗教等文化形式方面，互相作用，形成一个具有极强地域性、包容性特征的文化形态。西口文化的形成与发展，对于促进内蒙古西部地区各民族交往交流交融，具有十分重要的价值。

（2）为建设中华民族现代文明提供丰厚养料。西口文化是中华优秀传统文化的重要组成部分，能够为建设中华民族现代文明提供丰厚养料。西口文化中所倡导的诚信意识、以义制利、敬业爱业、互帮互助、开拓进取、团结奋斗等文化要素，不仅是走西口人历经千辛万苦、最终成功立业的精神层面的因子，而且形成了一种文化动能，潜移默化地影响走西口所覆盖的地方和区域。在新时代新时期，充分利用丰厚的西口历史文化资源，鼓励这些地方和区域的人们，形成正确的世界观、人生观，不断滋养社会主义核心价值观。当代社会，科技迅猛发展，经济发展出现新局面，人的利益需求呈现多元特征，应将宝贵的西口文化中所蕴藏的基本精神进行创造性转化、创新性发展，结合今天的现实环境和每个人遇到的具体问题，进行改造、提炼、升华，使其能够适应新时代发展、满足群众的需求，成为中华民族现代文明的重要组成部分。

（3）为推动经济社会持续发展提供强大动力。西口文化作为宝贵的精神财富，能够为当代地区经济社会持续发展提供强大精神动力。西口文化中所蕴藏的不畏艰险、坚韧不拔、吃苦耐劳、敢于创业、诚实守信、以和为贵等精神，是中华民族生生不息的重要密码，是中华民族不断奋进的重要动力。“西口精神可以说是一种改革创新开放，拓展生活空间的精神，是国家和民族团结统一的纽带，我们应该好好去把它发扬光大。”① 在当代，小到一个地方，大到

① 张敬民、程腊生：《西口文化》，三晋出版社 2009 年版，第 46 页。

一个国家，经济社会发展固然重要，但是文化保护、传承工作也很重要，因为文化是人类的精神家园和思想记忆，也是促进经济社会和谐发展的滋养剂与助推器。大力弘扬西口文化，着力运用好西口文化遗迹、街区、展陈、教育等载体，让这种宝贵的文化精神浸润每个人，形成“日用而不觉”的良好氛围，为赓续历史文化、推动社会发展、实现远景目标注入强大动力。

西口文化背景下老包头商业的形成和发展

在走西口的浪潮下，晋陕冀等地农民、商人等群体，纷纷来到包头。他们垦农田、当伙计、做买卖、搞商业，作为重要的力量推动老包头商业逐渐走向兴盛繁荣。在西口文化影响下，在包头地区形成村落、乡镇、县过程中，商业起了十分重要的作用。老包头的商业由小到大、由点到面、由弱变强，成为西北一颗璀璨的商业明星。包头的商业最早可追溯至明朝中期，在土默特平原进行农田开发、商贸活动；再到康乾以来，走西口到包头的经商者在包头定居、经商；再到民国初期，各类店铺林立，商业繁荣，这都离不开走西口人的奋斗和包头地区包容的胸襟，二者共同成就了这片土地上的商业传奇。

1. 商业种类繁多

老包头商业种类涵盖了人的吃喝住用行，具有代表性的是皮毛业、粮油业、饮食业、金融业、驼运业等。随着商业类型的丰富，老包头地区出现管理工商业的行业组织，即“九行”“十六社”。从行社类型的丰富方面看，也能窥见当时包头商业种类繁多及商业兴盛的景象。20 世纪 20 年代，有人这样评价包头的商业发展情况：“包头北通西蒙，西接黄河，南临陕，东达京，在昔已为百货荟萃之区，矧时至今日，舟车辐凑，交通便利，商务之发达，不言可喻。”[1]

---

① 李红权、朱宪：《近代蒙古文献大系·概览卷》（全八册）第一册，中华书局 2018 年版，第 333 页。

“皮毛一动，百业俱兴”，是人们对老包头商业繁荣的一个提法。老包头之商业，皮毛业是大宗，是首业。最早做皮毛业的是“蒙古行”商人，用日常生活品换取蒙古族居住之地的皮毛。祖籍山西代县的梁大汉年轻时随叔父走西口来包头，进商号复义兴当学徒、司账、总管、经理，见证了该商号兴盛的景象。复义兴从事的就是蒙古行生意，做的就是早期皮毛业。1833 年，山西河曲人陈家担任包头专营皮毛的公义店经纪人。另一个山西河曲人开设的中义西皮庄，也是较早的一家皮毛店。公义店、中义西这两家皮毛店，规模不大，种类不多，以收取佣金、买卖畜皮为主。随着包头的交通越来越便利，周围各地所产皮毛、牲畜等物资，须运到包头进行交易和转运，这就极大地推动了包头地区皮毛业的发展。1880 年，公义店停业后，从该店分出明远堂、天源店、恒义德三家皮毛店。山西定襄人牛邦良，走西口到包头，曾在明远堂当伙计，遂邀请明远堂原从业骨干，做牲畜、皮毛行当，获利颇多。1893 年，在牛邦良主导下，包头最大的皮毛店——广恒西开业，人员也多，规模也大，生意十分兴隆。广恒西在当时包头皮毛业的地位举足轻重，影响力颇大。专做新疆、甘肃等地皮毛生意的、在包头开设皮毛店的代表有义成昌、大义长、德兴源等，三家掌柜的都是走西口的忻州人。这些店铺规模较大、出资额度较高、有不错的营业额。包头皮毛店供货来源更加多元，不仅有周围各地的皮毛供应，而且扩展到宁夏、青海、新疆等地。皮毛物资经包头转运到东部地区，满足东部地区对皮毛的需求。皮毛业的发展和繁荣，带动了皮毛手工业的发展，尤其是白皮房、黑皮房、口袋房、毡房、毯社等。皮毛业的繁荣带动了相关工商业的发展，尤其是钱庄、货栈、运输业、饭店、剧院等。

包头北靠大青山，南临黄河，东西介于土默特平原和后套平原两大粮仓之间。土默特平原适合农垦，在康熙、雍正年间，得到有效开垦。“到乾隆年间，这一带（土默特平原）就有‘塞外江南’之誉，所产粮食不仅可以接济附近各盟旗，而且还可以运到外蒙古和山西、陕西等地方。”[①]包头成为运转土默特粮食的重要枢纽。后套平原是内蒙古西部地区最大的产粮区，其大部分粮食要经过包头转运出去。周围的粮油也需要运到包头进行转运和经销。包头是当时联系西北和华北各地粮油交易的重要枢纽，是米粮集聚之地。山西河曲人田开生在道光年间走西口到包头定居。田开生的儿子田成仁经营粮油业，开设复顺兴、复顺真、复顺长、复顺恒、复顺久、复顺成等店铺，将所储存的油运到河曲、保德、碛口等地。走西口到包头的智家，在包头开设了粮油店铺。代州人李威走西口到包头，创办河路社复新和，将五原、临河等地的粮食经河运到包头，进行售卖和转运。

老包头商业繁荣兴盛，加之交通便利、粮油业发达、人口渐增，故推动了饮食业的发展。晚清时期，老包头的饭店、茶馆密集林立，欣欣向荣。大型饭店有复成元、东西惠丰轩、南北锦义元、允和元、永兴元、庆义元、兴隆源等。具规模的茶馆有义忠元、长庆元、福义元、广和源、巨锦斋等。

在走西口中，晋商将票号、钱庄、当铺等商业形态带到了包头，丰富了包头商业的内容，也为包头金融业的发展注入了活力。“金融既流通，市面生计，亦形活泼，债务者借此可增加收入，债权者又可得高利贷借，一举而数善具焉，实计之得也。”[②]票号是清代出现的一种金融机构，以营汇兑为主。山西介休侯氏创办的蔚丰厚票号，设总号在平遥县城，后设分号于全国各地，诸如北京、天津、上海及长沙、成都等地，当然也在包头设有分号。祁县乔家开设大德通票号，总号设在祁县城内，在北京、天津、上海、重庆及开封、苏州等地设有分号，当然，也在包头设有分号。“大德通票号营业范围有存款、放款、

① 张世满:《逝去的繁荣：晋蒙粮油故道研究》，山西人民出版社2008年版，第27页。

② 李红权、朱宪:《近代蒙古文献大系·概览卷》（全八册）第一册，中华书局2018年版，第335页。

汇款三项。”[①] 从这段话中可以看出老包头地区的票号营业内容。老包头地区的票号生意十分兴隆，助推了包头金融业发展。同时，老包头的钱庄、当铺等行业发展也很快。“到光绪二十年（1894 年），包头镇有钱庄、银号 42 家，以山西祁县、太谷人经营者居多。”[②]

包头地区的驼运业为包头商业的发展作出了贡献。驼运是包头通向西北沙漠及蒙古草原的陆运工具。包头有名的驼运庄号是天顺泰、双盛义。驼队管理十分精细。驼队成员不仅分工明确，各司其职，还要经历险恶的自然环境和各类盘查克扣。驼队搭载生活日用品赴沙漠、草原，换取蒙古族的皮毛、绒毛、牲畜等物资。

此外，老包头还开设靴铺、菜园、旅店、牙纪行、木匠铺、杂货铺、珠宝玉器百货店、药店等。各类店铺、商号林立，各种贸易竞相比拼，促进了老包头商业的兴盛和繁荣。

2. 商业品牌打造

走西口到包头的学徒工、买卖人、经商者，在学习经商经验、积攒财富、开设店铺商号过程中，十分注重商业品牌的作用和价值，身体力行地致力于打造其商业品牌。这些商业品牌的出现和打造，显示出老包头地区曾经的商业繁荣，凝结了这些商业从事者的智慧和汗水，反映出他们长远的战略眼光和敏锐的市场意识，赢得了顾客的信赖、建立了良好口碑，成为老包头历史的重要组成部分。老包头商业品牌有许多，其中有代表性的如“如月号”“复盛公”等，影响颇大。

---

① 张正明、张舒：《晋商兴衰史》，山西经济出版社 2010 年版，第 164 页。

② 内蒙古自治区政协文史资料委员会：《内蒙古文史资料集萃：工商史料》（全十二卷）第二卷，中国文史出版社 2017 年版，第 444 页。

康雍时期，山西定襄县铁匠梁如月走西口来到包头谋生。因他擅长打造刀锄、钉马掌、修箭头等，颇受当地蒙汉群众欢迎。当地人没有现银付给他，就将手上的山羊皮等偿付与他。梁如月回老家探亲路过大同时，将这些皮毛等物抛售，获利颇多。有了一定的积累后，梁如月在民生街购买地皮，开设“如月号”，经营杂货，兼修各类生产、生活用具。因他有手艺、讲信用，远近闻名。很多人包括包头偏远处的人也来他的店中修理用具、购买用品，其商号生意日益兴隆发达。“如月号”存续时间较长，影响颇大，得益于品牌打造，有广泛的顾客基础。

乾隆初年，山西祁县乔贵发走西口到包头，来到当时的萨拉齐老官营村合成当铺打工。有稍许积蓄后，乔贵发与同是走西口的友人秦肇庆在西脑包开了草料铺，兼做豆腐、豆芽、切面及零星杂货等业务。有了一定的财富积累后，二人又移居到东街开设广盛公，经营粮食、杂货等。1818 年，广盛公改名为复盛公，经营米、面、油、粮等业务。后来乔家逐渐主导了复盛公，且开了覆盖更多业务的“复字号”，成为包头商界的翘楚。乔家在包头陆续开设了“复盛全”“复盛西”等，这些字号与复盛公一样，经营面铺、粮店、油房、当铺等业务。乔家在包头打造的诸多“复字号”，形成品牌效应，复字各号之间互相支持、联动，成就了乔家在包头乃至全国的商业传奇。因“复字号”形成品牌，信用度高，管理严格，生意十分兴隆和繁荣。“200 多年乔家‘复’字号成为包头巨商之首，亦名列山西十大财东之冠。”[①]

3. 商业文化浓厚

走西口到包头的经商者，在经商过程中，在与当地民众融洽相处的过程中，逐渐形成了正确的经商观，指导自己的经商实践，为包头浓厚商业文化的

---

① 乐拓:《西口文化研究》，内蒙古人民出版社 2007 年版，第 67 页。

形成和发展贡献了自己的力量。

第一，准备充分，如履薄冰。在包头开设的商号、店铺，但凡业绩突出、信用卓著、深得百姓信赖者，一般均有充足的现金。有了充足现金后，防止买卖因资金不够而陷入瘫痪，随时帮助需要大额款项的“相与”商号、店铺，可以让顾客安心地进行购买。走西口到包头的田家，购买了 70 亩地，做起了油坊的生意。在开油坊之前，田家积攒了丰裕的资金，才能买地雇人办油坊。田家富有经营头脑，将街巷和商铺整合为一体去管理经营，收入颇丰。广恒西的牛邦良对商号和店铺的管理十分严格，每日晚饭前听取业务人员汇报工作，并亲自到店内巡夜，确保了广恒西稳步向前发展。牛邦良的敬业精神由此可见一斑。

第二，脚踏实地，维护信用。生意场上，商情瞬息万变，唯有脚踏实地地做商业、实业，方能行稳致远。同时，还要讲诚信，取信于顾客和社会，树立良好的品牌意识。山西代县人梁大汉走西口来到包头，在复义兴当学徒工，后来接管了复义兴，在做蒙古行生意过程中，将全部心思用在了如何处理与蒙古族在生意上的关系上，兢兢业业，最终帮助复义兴实现了繁荣发展。广恒西在一次大火后，牛邦良逐一清点簿册，按价赔偿在大火中烧毁的客户货物。广恒西的诚信意识之高，令人叹服。光绪年间，包头生皮社社规中的内容，起到了约束商家、商号的作用，其中这样写道:“肆后凡遇买卖，许过谁家，只需一手成全。”[①] 这也是通过诚信意识的倡导来约束和规范各类商家行为的例子。

第三，眼光长远，薄利多销。对所投资的买卖、商号、店铺进行前期调查研究，做好市场分析，要有战略眼光。老包头的商号、店铺，其中不乏长线思维的，讲究薄利多销，不贪求一时的丰厚利润，将生意置于长远的时间内予以

① 内蒙古自治区政协文史资料委员会:《内蒙古文史资料集萃：工商史料》（全十二册）第二卷，中国文史出版社 2017 年版，第 299 页。

考虑，最终也得到了丰厚的回报。乔贵发走西口到萨拉齐，靠做豆腐、生豆芽，积累了一些资金，为后来在西脑包开草料铺打下了基础。乔贵发的这种薄利多销、靠质量取胜的理念影响了后来乔家的经营方向。

第四，多种经营，金融加持。老包头的商号、店铺，由最初的单品类经营模式，逐渐演化为多品类经营模式，这样既降低了经营风险，又有利于不同品类同属共同财东，便于协调、统筹资金。老包头的“如月号”，最初经营生产、生活用具，后又扩展到日用杂货、皮毛等领域，实现了多种经营。乔家在包头创设的“复盛公”，最初经营米、面、油、粮等，后又做起了钱铺、当铺、估衣铺等，实现了多种经营。广恒西，最初经营牲畜、皮毛等业务，后又扩展到货店、药材行等领域。随着广恒西规模的壮大，为了避免资金外溢或受制于金融商号，开设了自己的钱庄——广恒源钱庄，这为广恒西资金调度提供了坚强的金融后盾。

第五，慎择“相与”，积极善待。同行既要竞争，又要相互扶助支持。对所交“相与”，要进行深入考察和分析，一旦确认可交往，就要长期共事，共同分享合作成果；同时，在“相与”落入险境、资金周转困难时，也不选择绝交，而是积极想办法，帮对方摆脱困境。乔家复盛全的“相与”——杨家商号，因生意不兴，欠复盛全 6 万两白银，无力偿还。复盛全认为，若诉诸官府，必使杨家商号倒闭关门，对自家生意也是不利，不如在杨家商号低谷时，做一个人情，于是让杨家主事前来赔罪后，就算了事。这种善待“相与”的文化传承，让乔家在包头屹立多年。

后记

思考的内容需要以写作的方式固化下来，写作的过程又引发了新的思考。中华优秀传统文化内容太丰富了，是一座巨大宝库，里面有取之不尽的宝藏，需要不断深入地去挖掘、吸收、消化、转化、运用。

本书是我近年来写作的论文和课题的集中展示，凝结了我的心血和汗水。这些课题中，北疆文化、二人台艺术方面的内容，是近年来我主持包头市哲学规划课题、中共包头市委统战部课题的成果。我试图沉浸到传统文化、古代历史中，去找到文化认同的历史文化要素，让读者能够真切地感受到中华优秀传统文化的巨大魅力和历史的深刻性，找到中国强大的文化密码和精神基因。除了宏观叙事和论述外，我立足于内蒙古自治区及包头市的文化实践和文化底蕴，试图去找寻在一个地域范围内，各民族生生不息、奋力拼搏的历史印记。

在这里，我非常感谢中国民主法制出版社对我个人的支持，对本书出版的支持。我将继续努力，用心写出有历史文化底蕴和时代价值的内容。

限于本人的能力，定有疏漏和不足之处，还请广大读者朋友批评指正，多加包涵。

石志刚

2025 年 4 月